星際傳訊STU11301

上帝的外星科技

呂尚(呂應鐘) ◎著

超前地球25000年

作者介紹

呂尚（呂應鐘）教授

與聖經相關的歷程：

1975年翻譯出版《上帝駕駛飛碟》後，就開始研究各不同版本的《聖經》，並購買《聖經教義索引》《聖經通識手冊》《聖經知識寶典》《聖經次經》《死海古卷與聖經》《拿戈瑪第經集》《多瑪斯福音》等20多部聖經研究書籍，孜孜研讀，逐漸建立獨特的思維模式。

1979年出版《聖經佛典太空人》，到了92年，綜合17年研究佛經與聖經的心得，用獨創的「宇宙生命科學」學說撰寫《大世紀：佛經宇宙人紀事》與《大啟示：聖經外星人實錄》二書，用全然不同的宇宙角度詮釋佛經與聖經，在當年引起轟動，受邀多場演講。

相關著作有：1995年《聖經 vs 外星人》，96年《上帝的真相》，99年《聖經真相》，2011年《當聖經遇到外星人》，19年《誰？創造了神》，2024年《上帝的外星科技》

全我 Line@官網

全我粉絲頁

全我客服中心

洽詢：台灣全我中心

目次

作者介紹 003

推薦序一：豁然開朗的揭露 009

推薦序二：讓大家燒腦吧 011

「上帝」到底是何許人？ 015

我與上帝的感應 019

感應後加緊研究《聖經》 023

遙想遠古的事件 027

Jahve 如是說 029

用外星科技改造地球的真相 032

用外星科技製造人類的真相 040

伊甸園就是複製生物實驗室 044

人類違背了上帝的命令 048

被趕出伊甸園與守衛機器人 052

長壽的亞當夏娃的子孫們 054

挪亞方舟是漂浮的太空船 060

巴別塔是人類史上第一支火箭 066

首度記錄上帝上升去了 068

所多瑪與蛾摩拉毀於原子彈 071

考驗亞伯拉罕對上帝的忠心 074
受上帝特別眷顧的約瑟 077
分開紅海的是強電流束 083
發光飛碟降落在西奈山 093
在曠野吃 40 年太空食品 098
上帝的太空船故障了 102
約櫃其實是高壓發電機 104
聖幕是飛碟降落處的圍幕 107
民數記裡數不盡的飛碟記錄 111
約書亞記錄超音波轟城的方法 116
士師記的火焰車和火馬也是飛碟 120
以利戶與約伯在探究飛碟原型 122
以賽亞與耶利米如此成為先知 124
以西結與上帝太空船的直接接觸 127
基路伯就是機器人 134
聖經也記載複製人的過程 137
但以理看到的飛碟與機器人 141
舊約結束前的一些高科技事件 149

伯利恆之星就是發光飛碟 153
耶穌受洗時的飛碟事蹟 160
冤枉撒旦 2 千年 163
耶穌的治病神蹟就是靈性療癒 165
耶穌是用溝通陰陽兩界的咒語來驅鬼 170
耶穌的超能力與真正來處 174
用分子合成方法給數千人吃飽 179
摩西和以利亞的複製身又回來了 181
耶穌四次預言自己將受難 183
末日的時候飛碟就會降臨 185
是天使告訴大家耶穌復活了 188
抹大拉的馬利亞就是耶穌的妻子 192
啟示錄前面的經文也都充滿飛碟記錄 196
啟示錄的真相 202
啟示錄的外星旅行 215
路西弗其實是深愛地球人的外星科學家 218
這才是高科技的永生 221
以諾是上帝帶到外星球的第一個人 223

遠古大洪水的真正原因 227
以諾的太空所見 231
以諾的天文記錄早於現代數千年 235
耶穌消失的 18 年是到印度西藏 238
大量宗教畫揭示外星飛碟的存在 251
哈伯太空望遠鏡拍到璀璨無比的天國 255
謎樣的黑騎士衛星 260
上帝給我們的最後啟示 265
卷後深思 275
附錄：可補現行聖經不足的經外經 283

推薦序一：豁然開朗的揭露

光中心創辦人　周介偉

著作等身的呂教授繼接訊老子、佛陀等相關著作後，這次接收外星訊息，以外星高科技視角重新闡釋《聖經》中未解的神奇事件，這一切竟然就顯得如此合理而易懂。其內容也與我推薦過的許多外星傳訊書（例如，金星女士歐米娜訊息）高度吻合。

此書中一項項精彩而令人腦洞大開又豁然開朗的揭露，在此就不贅言，留待讀者逐頁閱覽去開啟彩蛋。

記得在10餘年前外星訊息分享會上，我分享呂教授某場所說：「上帝神明是外星人」的觀點時，有人當場質疑說：「你們這不是在拆各大宗教的台嗎？要顛覆勸人向善的信仰？」

不，並不是的。

我想引用《與神對話》訊息的觀點，我們人類的電腦作業系統每年每月不斷的在一次次更新，精益求精，但宗教信仰方面反而因其被賦予的神聖性，不容置疑不容挑戰而毫無更新。但我們是誰？為何在這兒？從哪兒來的？要往哪兒去？人生的意義與追尋？天＆人，神＆人的關係又是什麼？這些都是最大的「大哉問」，也是所有哲學和社會學的根本基礎。

是的，「上帝是外星人」的立論觀點是會動搖人類 2 千年來信仰的根基，但我們不是惡意陰謀論者，也絕對意不在褻瀆信仰，而是「擴展」！～～如電腦作業系統大更新一般，擴展對人和神之本質的勇敢探索和研究，就像所有領域的偉大進步，都是來自於人類更謙虛更真誠的省思和研究而得來的美好結果。

希望此書能「擴展」人類從崇拜耶穌等聖經中的偉大神奇人物，進而能認識到我們人人有待開發的偉大心靈力量，還有認識並敞開心胸接納一直在照護地球的外星人兄弟姐妹們。

感謝呂教授再次以老先覺、先進的角色，身先士卒，勇敢發聲，提振了愛好靈性研究的後輩及所有世人！

推薦序二：讓大家燒腦吧

國立虎尾科技大學　光電工程系 廖重賓教授

我自接到此書《上帝的外星科技》的 pdf 文字稿後，盡快的花了接連的「三」口氣方讀畢全書。

儘管我已認識呂教授多年，更常接受其（以及其合作同儕劉宸汎博士）新點子的啟發，依然在閱讀的過程中意外的遇到了不少難以置信之處，當下覺得燒腦（同時間心中的魔鬼也不禁跳出來指指點點，甚至戲謔、不懷好意的笑稱呂佬此番可能不妙了，大概一次要得罪不少人，以後恐怕只能當隻過街的老鼠了，嘿嘿……，咦，不對，等等，會不會反而他是衝著網路的大流量與新書大賣而不得不出此「下策」？……），然而，不花太多工夫，此際竟已然相信他這次應該是吃了秤陀鐵了心，真心的要讓大家重置腦袋、全新開機了。

也許也對，讓大家覺察到一直以來不曾懷疑過的個人信念是什麼，再比對書上的新資訊，經過詢問、討論、深思，不管花多少時間，重新認定自己所要更加深信的，不管是新的或原來的說法，都是好的。諸君以為呢？

總結來說，本書主要在於主張：

1. 聖經上面的「上帝」（Elohim，天上來的）是個複數，指的是由

外星來地球作高科技造人實驗的太空人們（也因此製造其他生物），

2. 外星太空船的指揮官名為 Jahve（翻成：雅威，或耶和華），仍是需要衣食、有七情六欲的外星人，不是一般以為的不需人間煙火、能掌控一切萬有（包含宇宙）的大能 God。外星人中，撒旦反對上述的人類製造計劃，而路西法是鍾愛人類的造人科學家，

3. 耶穌是被外星人製造出來的地球人，他於 12 ～ 30 歲在印度數個地方修行過，

4.「天國」是指這批外星太空人的母星，「到天國去」不是死亡，而是回到此母星，「永生」的存在，

5.「永生」是由利用高科技多代連續的細胞複製（先儲存當下每一代新軀體在 30 歲時的胚細胞）及累積記憶轉入（或遷識）來達成（之後再銷毀老的軀殼），例如耶和華本身、耶穌、眾先知等等都是壽命已過千年或甚至數萬年的存有，

6. 演化論是錯的，外表的演化形跡其實是由上述的連續細胞複製及意識轉入達成的，

7. 整部舊約聖經及經外經就是當時外星人以飛碟和高科技在地球上活動的歷史記錄，外星人今日仍持續的在關注、影響地球，而在適當條件下，人們與耶和華、耶穌等依然是可以彼此心電感應的，

8. 末日審判其實並無審判，而是揭示：人類的主是耶和華，他將引領人們走向更高頻、進化的母星世界。

我想，有些讀者可能會在意的是，自己一直以來在祈禱或對話的

God 會是哪位，是外星人的耶和華，還是那位掌控一切宇宙的大能？又或者，實在分不清楚，所以兩位都信，反正往高頻世界前進的路上，兩者只是一近一遠？或者，還有其他更能接受的想法？……不管如何，看來，我們都中了呂教授的毒計，不僅現在無端的被挑起一件從來沒出現在心上的事而開始燒腦，以後每思及此就無可避免的又要再度燒腦了。

諸君看完書後會是如何以為的呢？

「上帝」到底是何許人？

有必要討論「上帝 God」是何許人嗎？

祂不就是基督教、天主教、東正教等所信仰的一位至高獨一的「神」，祂是「自有、永有、全能、全善、永恆」的神，祂又是「聖父、聖子、聖靈」三位一體的神，是這個世界的創造者與維護者，祂創造了人類，也要拯救犯罪墮落的人類，更派自己的獨生子耶穌為人類的罪被釘死，拯救一切信靠祂的人。

「上帝 God」，不是這樣一個形像嗎？

真相似乎不是如此，就讓我們仔細來解析解析。

歷經如此長遠的不同語文翻譯過程，產生了人類史上最嚴重的誤譯，導至後世的人無法知曉《聖經》的本意，因為後世把希伯來文的 Elohim 譯成 God。

以舊約最重要的《摩西五經》為例，有四種聖經原文：一是 J 典，聖經原文中稱上帝為 YHWH，德文作 JHVH；二是 E 典，聖經原文中稱上帝為 Elohim；三是 D 典，體例與〈申命記〉相似；四是 P 典，即祭司風格和內容的原文。

由前所知，YHWH、JHVH、Elohim 均指上帝，也就是聖經裡最高的主宰，儘管天主教和基督教的稱呼有「上帝、神、天主、耶和華、雅威」等不同，卻沒有後世 God 的意思。

那麼 Elohim 是什麼？

事實上，在最古的希伯來文義上，這個字的原意是「天上來的人們」，Elohim 是複數，單數是 Eloha。這就表示當時有「很多天上下來的人」，現代人看到這一句會想到什麼？會想到「外星人」，不是嗎？但「上帝」怎麼會與「外星人」拉上關係？

這是非常嚴肅的問題，絕對不能亂講。所以我又從香港思高聖經學會出版的《聖經教義索引》中，看到清楚解析上帝名稱的真正文字：

1. 天主的名字最主要的是 EL, Elohim，中文譯作天主（上帝、神），和 Jahve（中文譯作上主、自有者或音譯為雅威（耶和華）。
2. Jahve 是人由啟示才認識的天主的名字，是天主自己啟示的名字。
3. Elohim 是世人以理智給最高神明起的名字。
4. Elohim 亦可用以指其他的神，Jahve 則只用以指稱唯一永生真天主。

我們來詳細研究這一段，就可以明白「上帝」的真相了，也才能用全新的外星人科技這個觀點來看聖經。

先從第二句看起，「Jahve 是人由啟示才認識的天主的名字，是天主自己啟示的名字」，說明 Jahve 是上帝自己親口告訴地球人他的名字，所以 Jahve 這個名稱只適用於祂一人，所以第四句會說「Jahve 則只用以指稱唯一永生真天主」。如同我親口告訴大家「我叫呂尚」一樣。

回過頭來看第一句：「天主的名字最主要的是 EL, Elohim，中文譯作天主（上帝、神），和 Jahve（中文譯作上主、自有者或音譯為雅威（耶和華）」，這又如何解釋？

Jahve 在天主教譯為「雅威」，基督教譯為「耶和華」，只能用於唯一的真神，也就是只針對最高的上主那一位。所以 El, Elohim 也是天主的名字，這就令人奇怪了。不過以第三句「Elohim 是世人以理智給最高神明起的名字」這一句來解析，可以看出端倪。

Elohim 這個複數名詞是古代的地球人對天上飛下來的人們的稱呼，他們呼喊：「El, Elohim ！ El, Elohim ！」這是希伯來語言，譯成台語就是：「呀，天頂來的郎！呀，天頂來的郎！」

經由這樣的解析，就不難發現 Elohim 這個字的真相就是「外星人」了。因此我們必須將中文聖經裡的「天主、上帝、神、耶和華、雅威」等不同譯名統統還原為 Elohim 或 Eloha，不要在心中存有神學上的名詞障，直接以希伯來字 Elohim 的原意去看整部聖經，這樣才會直接進入真相。

所以很清楚了吧，Elohim 的原意是指遠古時代飛航於浩瀚宇宙，來到地球的高科技太空船內的所有外星人，它是複數，被宗教譯為「天使」。

而 Jahve 是遠古外星太空船指揮官的名字，被宗教譯為耶和華或雅威，也被稱為「上帝、神、天主」，本書對話就以「雅威」來敘述。並會在文中視主詞而適當地使用 Elohim 或 Jahve。

這是一個 2024 進入離火九運畫時代的極重要全新宗教認識，也是地球人要明瞭遠古聖經真相的最大關鍵，大家應該要有此認識，方能理解真相。

所以，Elohim 就是複數的外星人，被後世稱為天使。

Jahve 就是他們的指揮官雅威（耶和華），被後人譯成 God，成為唯一的神。

從此發生人類翻譯史上最大的錯誤，也誤導人類 2 千年。現在從這本書開始，對《聖經》該有了全新的、不同的思考方向了吧！

祝福能閱讀本書的讀者！

我與上帝的感應

1974 年，在一個偶然機緣，閱讀一本和聖經有關的書籍，覺得有意思，便開始接觸聖經並深入研究，後來把這本書翻譯出來，次年交給道聲出版社以《耶穌哭了》書名出版。

不久接觸到美國航太總署一位科學家杜恩寧（Barry Donning）解析聖經的書，非常快速地把它翻譯成中文版《上帝駕駛飛碟》，同時也讓我對聖經有了不同的認識。

不過，我不是從宗教信仰的角度去閱讀聖經，而是一種腦海深處自動出現的全然不同於宗教信仰的新思維「宇宙生命科學」。我也不知何以如此？

1982 年初，一位提倡「迎接外星人運動」的法國人來到日本，日本宇宙研究學會的會長寫信給我，希望順道來臺灣找我。經過我的安排讓他到台北圓山天文台做「我到過外星球」演講，到中國電視公司接受一個小時的訪問並播出，也另在中央日報上刊登記者專訪文章。

他為了報答我，便授權我可以出版他的 5 本全新聖經與外星觀點的書。在翻譯過程中，讓我發現潛藏在心中深處達 7 年多的思維，竟然與這位法國人一致，再度讓我重閱聖經。

到了 1992 年，我融合多年研究飛碟外星人、宗教科學、宇宙生命科學的心得，出版《大啟示：聖經外星人實錄》，這本書也得到不少讀者的迴響。

起碼有 20 位以上的基督徒向出版社問到我的電話，表明他們「在神父（或牧師）處得不到的解答，卻在我的書中得到了」，他們每個人都顯得十分開心和喜悅。不過也有數位女性基督徒打電話來罵我。

到了 1997 年，圖書市場掀起《聖經密碼》的熱潮，我也體會到「聖經絕對有人類未解的重要記錄」，與我 20 年來的一貫思維吻合，值得有理性思維的現代人仔細重新閱讀與思考。

不知不覺中經常有一些想法自動進入我的腦中，告訴我神學與佛學宗教經典不只是表面這樣，而是有其超乎人類目前認知的內涵，人類還無法真正瞭解。

沒想到在 2003 年中，《聖經密碼 2》找我寫推薦序，又讓我沉澱已久的情緒再度激蕩起來，因為該書「第 8 章：生命密碼」與「第 10 章：外星生物」的論點，與不知何處傳來給我的資訊完全相同。

尤其是讀到榮獲 1962 年諾貝爾生物獎的克里克博士（Francis H. C. Crick）所說的話，更是讓我激動。他說：「我們要提出一種假設，即是在某顆遙遠的星球上……已演化出一種更高級的生物，他們像我們一樣發現了科學……另一星球上的先進科技社會，經由一艘太空船，將一種原始的生命型態刻意安置於地球上，……這是有計劃的星際繁殖。」

這些文字讓我的內心久久無法平息，諾貝爾生物獎科學家會說出多年來一直在我腦中自動出現的相同文意，我不禁仰望夜空長歎！一股夜空鄉愁油然而生。

從 1982 年起，「聖經真相的新啟示」一直縈繞在我心中。我知道，現在人類已經來到了聖經啟示錄的時代，「啟示 apocalypse」這個字在希臘文中是指「揭示」，但在後來被錯誤翻譯成「世界末日」，導致許多神學家認為啟示錄是審判人類末日的預言，其實「啟示」的原義是「揭示真相」。

到了 2000 年，「揭示真相」的信念一直灌入我腦中，似乎在告訴我，人類來到 21 世紀，已經來到向地球人揭示一件史前大事真相的時代，也是各國政府公佈外星人早就來過地球的真相的時代了。但是，我不知宇宙為什麼要告訴我這些。

在 2016 年中有一天清晨，就在似醒未醒時分，有一股聲音進入耳內：「你要用對話的方式將聖經真相重新寫出來！」

我不知這個聲音是誰？經過三個月，就在 9 月 1 日起，我的 Messenger 就出現一些宇宙高靈訊息，每天都傳給我，但不知來源，這個訊息告訴我，要重寫的聖經書足夠讓基督宗教界動盪，但是還有很多真相不能寫出。

我問大概是什麼？回復是這樣的：「如果耶穌沒有被釘在十字架上呢？如果祂活到 92 歲呢？」

我一時驚得無言，這會顛覆 2 千年來的基督宗教，能寫出來嗎？

所以只好將可以寫出的部份用這本書呈現出來，告知世人史前的一些真相！至於新約部份有關耶穌基督的驚天真相，只好暫時保密。

至於基督教徒及天主教徒願不願意接受這個真相，那就是各人的造化了。

一切依緣！

感應後加緊研究《聖經》

在與上帝感應之後，我便加緊做一些基本功。首先必須要先明白《聖經》的結構，它包括《舊約》及《新約》兩大部份，是猶太教和基督教的正典經書。而第一部完整的英譯本《聖經》出現於1382年，不過卻是1611年詹姆斯國王的版本成為日後的標準。到20世紀晚期，整部聖經已被譯為250種語文。

《舊約》原以希伯來文寫成，若干分散的段落為阿剌美文。《舊約》的意思是指上帝和以色列民族在西乃山上所立的盟約，到了公元前3世紀才被譯為希臘文，稱為《七十子希臘文本聖經》，是現存最古老的希臘文譯本，據說是只供埃及的猶太人閱讀的。而在希臘成為羅馬帝國通用語言後，希臘文聖經便具有極大的權威。

早期完成的經卷是編於《舊約聖經》最前面的〈創世記、出埃及記、利未記、民數記、申命記〉等，稱為《摩西五經》，著作完成時間約在公元前1400年左右。

然而此《摩西五經》曾引起部分爭論，有人因「申命記」最後曾記載摩西死後的事情，而懷疑其作者是否真為摩西，不過根據多位聖經歷史學家的考證，此係當時的人為求完整，特別在摩西死後由他人補入第34章之一段記載而已，其餘全部的內容均證實為摩西所撰無誤。

《舊約》包括三大部分：

一、「律法書（Torah）」，內容有敘事、規條和訓誨，敘述有關以色列如何形成民族而占有「上帝應許之地」。

二、「先知書」，記載希伯來重要歷史人物事跡及規勸以色列人復歸上帝的諸先知事跡，描述王國的建立和發展，並傳達眾先知向百姓發出的訊息。

三、「聖錄」，包括詩歌、神學著作及戲劇，是關於善與惡以及歷史的思索。

《新約》全書是耶穌死後，由其宗徒弟子在天主的聖神默感之引導下，所寫成的經典彙集。耶穌在世時和宗徒講道時是用當地的阿剌美語，然而全部新約作者除了路加外都是猶太人，由於新約的內容是寫給希臘人看的，當時羅馬帝國的通用語言也是希臘語，所以改用希臘語。

後來基督教徒把舊約和新約譯為科普特文、衣索比亞文、哥德文、拉丁文。聖哲羅姆的通俗拉丁文本聖經是千年以來標準的基督教翻譯本。15 至 16 世紀的又產生新的翻譯。馬丁路德把整部聖經在 1522 至 1534 年間譯為德文。

《新約》共 27 卷，包含早期基督教文學，尤其注重上帝與耶穌門徒之間訂立的新的盟約。《福音書（Gospels）》4 卷記敘耶穌生平、為人、學說和受難。包括〈馬太福音〉、〈馬可福音〉、〈路加福音〉和〈約翰福音〉4 卷，排在新約之首，約占全書一半篇幅。〈使徒行傳〉敘述基督教最早的歷史。〈使徒書）〉是早期基督教會一些首腦（主要是聖保羅）的書信，說明早期集會的需要。早期基督教曾出現許多啟示著作，

〈啟示錄〉是這類作品唯一的正典代表。

《新約》全書大部分寫於西元 1 世紀後期，不過沒有一卷是可以明確地確定其寫作日期的。《新約》是耶穌以自己的血和死來為全人類所立的盟約。原文是以希臘文寫成的。各卷的譯名，基督教和天主教版本除極少數相同外，大多不同，為了方便起見，本書以基督教通用卷名為主。

依據聖經中所記載各片段的歷史記錄，可知由亞當到洪水氾濫的年代（挪亞 600 歲），大約有 1600 多年的時間（創世紀 5 章 3 節至 7 章 11 節）。

洪水氾濫到亞伯拉罕 75 歲出哈蘭時將近有 400 年（創世紀 11 章 10 節至 12 章 4 節）。

此後到以色列人民出埃及，又經歷約 600 餘年的時間（創世紀 21 章 5 節，25 章 26 節，47 章 9 節；出埃及記 12 章 40 節；路加福音 3 章 17 節；使徒行傳 7 章 6 節等）。

而以色列人民出埃及至掃羅登基，其間約 400 年（列王記上 6 章 1 節）。有關掃羅登基的時間依據聖經中以後陸續記載之事蹟，並參照世界歷史的記載，約為公元前 1050 年。

因此仔細推算，人類之歷史應從公元前 4 千餘年起算較為正確與合理，到現在為止，大概有 6200 年以上。事實上，人類最早有楔形文字之發現與記載的年代，大約是在公元前 3500 年的銅器時代左右，到現在大約有 5500 多年。然而由各古老民族的神話傳說顯示，人類此次文明約在 6 千至 7 千年前誕生，因此可以發現，亞當時期可以算做人類文明萌芽，迄今起碼有 6200 多年。

《聖經》版本大致分為基督教和天主教兩種，「基督教聖經」一般是由聖經公會印發，也就是簡稱的《和合本聖經》。「天主教聖經」有香港思高聖經學會的新譯本及其他譯本。前者大家比較常見，但百年前的譯經，許多文詞顯得不達又不雅，當初所用的標點與編排方式都屬於 19 世紀的型態。聖經公會便在 1989 年重新採用新標點與新型態編印、出版《新標點和合本》，呈現給世人。

於 1971 年秋，5 位教授級博士牧師以「意義相符、效果相等」的原則，重新翻譯中文聖經。此譯本撇棄《和合本》中暗晦難明的字句，譯出通順易懂、又具時代特色的經文，於 1979 年出版，稱為《現代中文譯本》。此後又於 1997 年修訂完成《現代中文譯本修訂版》。

天主教聖經的名詞和人名熟悉的人較少。像「摩西」在天主教聖經用「梅瑟」，為了閱讀方便，因此在本書撰寫時候，以《現代中文譯本》的譯文為主，並兼取天主教與基督教舊譯本聖經名詞優點，以期達到文詞達意，又讓讀者熟悉的地步，使讀者完全領會啟示的內容。

遙想遠古的事件

別以為現在的地球科技很偉大了。想想看，如果數百年以後，地球的科技已經達到能用成熟的技術複製生物，也已達到可以利用太空船航行到別的星系的時候，也許會在某一個星球發現許多未開化的外星原始居民。

地球的太空人於是降落在這個星球上，經過一段時日之後，便開始傳播文明知識給這個星球的原始人類，好心地指導他們，教他們蓋房子、做工具、做油燈、使用火等等，凡是能教的統統教給外星原始人。

想想：那些外星原始人會怎樣來稱呼這些從天上下來的人？

地球的太空人或許就被稱為萬能的神，來自天上，這些天上下來的神流傳了種種事蹟，被那個外星球的人類廣為散播，一代接著一代，於是成為他們的神話傳說！

這種事蹟，任何地球人都不能說絕對不可能發生。

所以，要說一個相當古老的故事，已經不知如何敘說它的年代了，就讓我從地球混沌說起吧！

在地球文明展現曙光之前，擁有高科技的 Elohim 分批來到地球，各別停留在地球上一段時間，也做了許多事。

有一批高科技 Elohim 來到尼羅河流域，教導古埃及人各種符號、文字、星辰位置圖、計算的數字、草藥名稱、天文知識，以及治病的方法。他們在地球上這一段時間，建築了自己的倉庫，當他們使古埃及文明興盛起來的時候，就回到他們的星球……

有一位 Elohim 文化使者，來到希臘，他是一位神奇音樂家，具有能解答任何問題的智慧，他談到許多奇怪的事物，也說過天上有人……

另外一位從天上的洞降臨墨西哥，他指導中美洲古印第安人農業、天文、建築，並給他們一些道德規範。這位來自天上的文明人，在中美洲文化裏，留下不可抹滅的標誌，深受墨西哥人的崇拜……

在蘇美人誕生的時代，一位奇能 Elohim 來到波斯灣，他看來像大魚，但有人的面孔。這位宇宙來的人告訴米索不達米亞的居民許多事物，並教他們建城市、制律法、種小麥，寫下所想的……

在東方黃河流域，來自天上的一批人教導當地原始人各種文明技術。帶來醫學知識的人被後世稱為神農氏、教他們熟食的人被稱為燧人氏、教他們建築的人被稱為有巢氏、教他們數學和狩獵的人被稱為伏羲氏。這些人士在任務完成之後，紛紛回到天上……

以上事蹟都被口傳下來，一代接著一代，等到發明文字之後便被記錄下來，集錄成書，每個世代也都有人增修此書，使內容愈來愈豐富，日後添加的故事內容逐漸掩沒了原始的故事真相。

原始的簡單事實成了後世認為的神話故事，後世之人旁論紛紛，分成不同教派來解讀……。

Jahve 如是說

地球人呀！要打開禁錮已久的腦子！破除過去錯誤的認知！

我要告訴你們一樁宇宙事件的真相，這是你們 21 世紀心靈的新啟示，希望這些啟示能引領有智慧的地球人，用理性與寬容的胸襟來重新審視聖經，打開禁錮已久的迷信思維。

我要引領更多地球人從極高的宇宙維度來俯視地球遠古發生的事件，但是要體會新啟示的地球人，必須具備下列的基本條件：

一、必須是一位能接受新觀念的地球人，不能是思想僵化的人；

二、若是不太能接受新觀念，也要是一位內心不夜郎自大的人；

三、若有時覺得稍微夜郎自大，也要是一位理性開明的現代人。

具備以上的條件，才有進入揭示真相、一窺宇宙堂奧的機會，否則，就無法真正領略宇宙的偉大，以及人類遠古發生的事實。

所以要請你們——

一、先打開你們腦中記憶磁片，delete 掉以前所裝的許多宗教知識垃圾檔案。

二、如果你是基督徒或天主教徒，請在閱讀本書的真相啟示時，同時打開腦中磁片的經文記憶區，做比對工作，絕對會讓你有恍然大悟的感覺。

三、如果你不是教徒，對聖經完全沒有概念，很簡單，就直接欣賞本書內容。

四、讀完一篇，合起書來，舒適地靠向椅背，靜靜回味書中所說的，然後才進行下一篇。

五、讀完全書，站起來，拍案長嘯，吐出胸中累積已久的混沌濁氣，伸個腰，從今以後用全新觀念來看待地球事務。

請記得，要進入全新的真相啟示之前，必須要先通過以上這幾道程序。

我要告訴大家，地球人不是宇宙唯一的人類，反而是相對低等的人類。你們的科學技術，現在還偵測不到宇宙其它星球的生物，不代表其它星球沒有生物。

當然，宇宙中也有比地球落後的星球，甚至於還沒有生物的星球，這些都是很自然普遍的現象。

你們大多數都習慣用地球的現代科學標準來衡量宇宙，何以如此夜郎自大？想想看，就如同你們養的貓狗，牠們如何衡量你們人類的科技？如何研究你們天天拿一個東西靠在耳邊哇啦哇啦講話？牠們知道那是什麼嗎？

在此，我要告訴各位地球人一件遠古的事實：在某個遙遠過去的年代，地球還是一顆充滿混沌的星球，你們科學家稱之為冰河期之時。

有一批高科技外星人來到地球，為了某種目的，他們改造了地球表面，使大海和土地分開，於是降落在土地上，從事植物與動物的複製，最後也複製成功人類。

Jahve 如是說

這些事情經年累月的，透過知識傳遞方式，彙集成一部偉大的書籍，被稱為《聖經》。但是後世的你們把它當做宗教信仰，解讀錯誤了。

好好欣賞這本書，會帶給你們全新的思維！

用外星科技改造地球的真相

〈創世紀〉是舊約五書的首卷，記述猶太教和基督教創始的故事，以及以色列民族的歷史淵源。除了敘述上帝創造世界外，還包括亞當和夏娃、諾亞和洪水、巴別塔，以及上帝如何應許亞伯拉罕、以撒和雅各的故事，最後以雅各之子約瑟的故事結束。

〈創世紀〉相當吸引人，但也最令神學家不解。傳統上認為是摩西所作，但現代學者已驗明書中至少有三種文字語調，年代可溯自西元前950年至西元前5世紀，雖然其中還混雜有更早的資料。

呂尚：我對《創世紀》情有獨鍾，不過在研究創世紀的內容時，發現刪除那些家譜和族譜的部分，之後呈現出來的面貌，極具有探討的價值。請您明示。

雅威：這個遠古事蹟必須這樣說起：

很久很久以前，在銀河遙遠的一顆行星上，居住著科技已經高度發展的人類，他們也發現了生命的奧秘，解開DNA去氧核糖核酸的秘密，於是運用嫻熟的高科技成功地製造出人工生物。

他們之中有些科學家很熱衷複製生物，但是該星球上反對的輿論也相當大，認為製造出來的怪物可能摧毀人類，不能恣意複製生物，不過也不反對這些熱衷複製技術的科學家去外太空中尋找合適的星球，去做複製生物的實驗。

於是這些科學家在宇宙中進行探索，希望能夠尋找一顆讓他們進行複製試驗的行星。他們在銀河系裡到處發射探空偵測器，最後終於找到了一顆行星，具備創造生命所需的合適氣候。於是，這一批科學家準備好所有儀器，降落到這個選定的行星上，然後建造了很多實驗室，開始在那裡自由自在地進行有機生物的創造工程。

這整個事蹟，被後世你們地球人傳頌，然後經過不同的人記錄下來，就成為你們稱為《聖經》的舊約。你拿一本《聖經》來，從「創世紀」開始，一句一句的念，我來還原過去的真實事件，讓你們地球人重新知道遠古的真相。

呂尚：基督教《和合本聖經》文句簡捷雋永，流傳也久。但臺灣聖經公會新譯的現代中文修訂版，文句比較能讓現代年輕人懂，所以我就兩者引用。可以吧？

雅威：可以。用詞有一些不同而已，但原意相同即可。

呂尚：「太初，上帝創造天地。」

雅威：真相是這樣的，2 萬 5 千年前，尋找合適星球當作我們 Elohim 複製生物試驗場的科學家們，組成太空探測隊伍。在我的率領下，來到這個你們稱為太陽系的第三顆星球，就是你們自稱的地球。我就是 Jahve，你們譯為「雅威、耶和華、上帝」。也稱呼我為 God，認為我是宇宙中最高的真天主。

「上帝創造天地」這一句，明明白白寫著「天地」，可是你們的傳教士卻都解譯為創造「宇宙」，認為我是宇宙創造者，不對的，宇宙本來就存在，我只是外星太空船的指揮官，不是創造宇宙的人。

「創造天地」四個字是指我們外星太空人「改造了地球」的氣候與大地而已。

呂尚：唉呀，原來如此，聖經第一句就錯誤了 2 千年，可見整個信仰的中樞思想就偏差了。可是教會會承認嗎？算了，那是他們的事。

接著是「大地混沌，還沒有成形。深淵一片黑暗。」

雅威：當時的地球都被水覆蓋，大氣層濛濛一片，什麼也沒有，日光照不進地球表面，水面上一片黑暗。

呂尚：「上帝的靈運行在水面上。」

雅威：我們在地球軌道上空放下一個探測器，使它在水面上的大氣層中運行，進行成分分析。如同你們現在的低空人造衛星，你們卻被把這個探測器稱為「上帝的靈」「神的靈」，從此就沒有正確的認識。

呂尚：確實，教會都不敢正視「上帝的靈」「神的靈」這幾個字，都用神學來解釋，可惜呀。接著「上帝命令：要有光。光就出現。上帝看光是好的，就把光和暗分開，稱光為晝，稱暗為夜。晚間過去，清晨來臨；這是第一天。」

這裡，有一些基督學術的爭議。懷疑論者指出，在第一天上帝就

「造了光」，並將光與暗分開，將晝與夜分開，但是在第四天才造了發光體太陽及其它恒星，次序和因果都顛倒了。

雅威：這是聖經曾經被篡改過，你們一些宗教人士又解讀錯誤所產生的爭議。

事實上是這樣的：我命令太空人們，也就是你們用希伯來文喊 Elohim 的「天上來的人」，偵測太陽光，看看是否含有不利於生命孕育的輻射線，結果發現太陽光成分很好，適合培育生命。所以會記錄成：「上帝看光是好的」，是指我說太陽光是好的，不是我創造了太陽。

接著測量地球自轉產生的日夜長度，因為地球的晝夜長度和我們的母星不同，我們必須在此建立地球的星象標準。因此，分出晝夜。這是第一天做的事。

呂尚：這樣就清楚明白了。接著「上帝又命令：在眾水之間要有穹蒼，把水上下分開。一切就照著他的命令完成。於是上帝創造了穹蒼，把水上下分開。他稱穹蒼為天空。晚間過去，清晨來臨；這是第二天。」

雅威：我接著命令太空人運用高科技，使大氣中的濃厚水氣凝結成雨降落到地面上，分開空氣層與水層，我命名上面的大氣層部分為天。於是產生了晚上和白天，這是第二天做的事。

呂尚：「上帝又命令：天空下面的水要匯集在一處，好使大地出現。一切就照著他的命令完成。上帝稱大地為陸，匯集在一起的水為海。上帝看陸地和海洋是好的。」

雅威：我們為了便於降落地面，又在我的命令下，使用極具威力的爆炸力，將地面爆了一個很大的凹地，水便彙集在一起，露出陸地來。引爆的地方就是當今的太平洋，2 萬 5 千年前當時爆炸的威力，產生了陸地移動，到現在，你們的科學家仍能測到，那就是你們科學家提出的「大陸漂移理論」。

實際上，當時爆開的陸地移動速度很快，以每年好幾百公里在移動，後來慢慢減緩趨於平寂，到了現在陸地漂移可能每年只有幾釐米。

於是我便分別命名旱地為地，水的聚處為海。

呂尚：太精彩了，也完全符合地球科學理論。

接著「上帝命令：陸地要生長各種各類的植物，有產五穀的，也有結果子的。一切就照著他的命令完成。於是陸地生長了各種各類的植物，有產五穀的，有結果子的。上帝看這些植物是好的。晚間過去，清晨來臨；這是第三天。」

雅威：有了陸地，我們的太空船便降落到地面，太空人便在地面上建造很多實驗室，開始展開我們複製生物的實驗。首先當然先從簡單的植物複製起，一切過程照著我的命令一一完成。我也看到這些植物都成長得非常好。又過了一晚，這是第三天做的事。

呂尚：「上帝又命令：天空要有光體來分別晝夜，作為畫分年、日，和季節的記號，並且在天空發光照亮大地。一切就照著他的命令完成。於是上帝創造了兩個大光體：太陽支配白天；月亮管理黑夜。他又造了星星。他把光體安置在天空，好照亮大地，支配晝夜，隔開光和暗。上帝看光體是好的。晚間過去，清晨來臨；這是第四天。」

雅威：太陽月亮星星不是我創造的，這些星球原本就存在，更遠的恆星也是本來就存在的。

這段話代表的真正事件是這樣的：我又命令太空人進行下一個工作，分別測量太陽、月亮、星辰的時序，因為地球的自轉和公轉週期與我們的母星不同，為了制定在地球上適用的曆法，便展開訂定年月季節長短等的測量工作。這只是測量太陽、月亮、星星的工作而已，作為畫分年、日，和季節之用，卻被後世神學家認為太陽月亮星星統統是我創造的，大錯矣，大錯矣。

呂尚：大錯了，也遺憾呀，可是能跟教會講明嗎？好像不行，算了，各自解讀吧。接著「上帝命令：水裡要繁殖多種動物；天空要有多種飛鳥。於是上帝創造了巨大的海獸、水裡的各種各類動物，和天空的各種各類飛鳥。上帝看這些動物是好的。上帝賜福給這些動物，叫魚類在海洋繁殖，叫飛鳥在地上增多。晚間過去，清晨來臨；這是第五天。」

雅威：我們造完了各式各樣植物之後，我便命令太空人可以開始複製較簡單的各種水中生物，以及各種鳥類。當然也必須從簡單的浮游生物開始，再複製小魚，然後是大魚，複製魚類之後，便開始複製會飛翔的鳥類。

我看了各個實驗室複製出來的各種動物都很好，便要大家多多複製，也就是「繁殖、增多」。而且，用 DNA 的方法，讓動物能夠自行繁殖，在地上增多。這是第五天做的事。

呂尚：「上帝又命令：大地要繁殖各種各類動物：牲畜、野獸、爬蟲。一切就照著他的命令完成。於是上帝創造了地上各種各類的動物。上帝看這些動物是好的。」

雅威：接著我又命令可以開始複製陸地上各式各樣的動物了，包括牲畜、野獸、爬蟲。讓他們繁殖在大地上。

太空人便照著命令複製各種動物，我一一嚴格檢視之後，認為大家做得很好，這些動物都長的很好。

呂尚：我注意到了，產生物種的順序和達爾文進化論描述的一樣，但，不是從一種進化出另一種，而是一種一種複製出來的。

雅威：很好，的確，地球上的物種出現順序，從簡單到複雜，都是運用高科技複製生物的技術一一做出來的。

呂尚：我也認為生物學界很離譜，一位隨船航行各地的人在加拉巴哥群島提出來的假說，生物學家在卻相信並且奉為生物學重要理論。到了晚年達爾文自己都說是假說，生物學教科書卻當作聖經，真是大錯。

哈哈，在此要說一下，我在民國 77 年也千里迢迢去到南美洲，也搭船到加拉巴哥群島，西班牙文「Galapagos 加拉巴哥」就是象龜。

回台灣後就寫一篇「為何要相信進化論」的文章，後來又寫了幾篇，都還掛在個人網站上哩。

用外星科技製造人類的真相

呂尚：接著，「上帝說：我們要照著自己的形象，自己的樣式造人，讓他們管理魚類、鳥類，和一切牲畜、野獸、爬蟲等各種動物。於是上帝照自己的形象創造了人。」

雅威：這一段非常重要，揭示了地球人出現的真相。

呂尚：是的，在我研究聖經後，也和教徒們討論，上帝您只有一位，當時您要造人就造人，不用嘀咕「我們要照著我們的形像、按著我們的樣式造人」，可見，裡頭已經揭示 Elohim 是很多人，就是你們的太空人。

雅威：古猶太經師解釋「我們」是「天主和天使們」，這才是正確的，所以用複數。不過後世教會變成只認可一位上帝，造成錯誤。

呂尚：由於後世神學家們執著於一位上帝，便解釋說這是「威嚴複數」或「議決複數」，表示「三位一體」。但我始終認為都是後世宗教的胡扯。抱歉，用胡扯兩字。英文的「三位一體」是 One GOD Three Persons，明顯表示出有三人 Three Persons，為何還要固執地說只有一位？

雅威：所以這一段經文的真相是這樣的：我們千里迢迢來到地球，最終目的就是要造人，所以我 Jahve 召集所有太空人開會，交待他們要照「自己的形像，自己的樣式」來複製地球上第一批人類，不可以亂設計。因為造出來的人，屬於比較複雜的生物體，可以讓他們管理魚類、鳥類，和一切牲畜、野獸、爬蟲等各種動物。

這一句中的「上帝」在希伯來文是用 Elohim，指天上下來的很多人，是複數，不是只指我一人。

呂尚：接著「他造了他們，有男有女。上帝賜福給他們，說：要生養眾多，使你們的後代遍滿世界，控制大地。我要你們管理魚類、鳥類，和所有的動物。我供給五穀和各種果子作你們的食物。但是所有的動物和鳥類，我給牠們青草和蔬菜吃。一切就照著他的命令完成。上帝看他所創造的一切都很好。晚間過去，清晨來臨；這是第六天。」

雅威：我們這些來自遙遠星球的科學家們便複製很多人種，有男有女。剛造出來的時候，這些人類茫然無知如白紙，於是我交待他們要生養眾多，要管理魚鳥動物。可以吃五穀和各種果子。動物可以吃青草和蔬菜。這一切都照著我的命令，各個實驗室都做得很好。這是第六天做的事。

呂尚：您說「我供給五穀和各種果子作你們的食物」，那時的地球人是素食的了。

雅威：是的。

呂尚：那麼怎麼現在地球人都吃肉？

雅威：那是大洪水之後的事情，以後會談到。

呂尚：「這樣，天地萬物都創造好了。在第七天，上帝因完成了他創造的工作就歇了工。他賜福給第七天，聖化那一天為特別的日子；因為他在那一天完成了創造，歇工休息。這就是上帝創造天地的過程。」

雅威：經過這麼多過程，我們來到地球的最終目的完成了，證明我們的複製生物科技很成功，因此第七天就休息。注意這裡寫的是「這就是上帝創造天地的過程」，不是創造宇宙的過程。

呂尚：是的是的，不過我想不通，何以教會都解釋為「創造宇宙」？
同時，我也注意到一件事，你們在六天的改造地球與複製生物的過程中，從大地混沌、有光、有陸地海洋、造植物、魚類、鳥類、各種動物到人類的過程，與現代科學的宇宙演化過程和生物在地球出現的順序完全吻合。
天文學家告訴我們，宇宙原本混沌一片，約在137億年前一聲大爆炸，先有了光，產生了現在的宇宙，之後逐漸誕生恒星、行星。而後在地球上，進化論說原始生命萌芽于海洋，然後有浮游生物和魚類，再來是兩棲類、鳥類、爬蟲類、靈長類，最後誕生人類。整個宇宙演化與生物在地球上出現的過程，和你們在地球上所做的過程完全一樣，極為耐人尋味思考呀！

雅威：你注意到這個過程，非常好。事實上，我們在地球上複製植物、魚、鳥、動物、人類的過程，確是從簡單生物到複雜生物一種一種複製創造出來的，但並不是進化論所說的一種生物進化到另一種生物。這只是複製的過程而已，卻被你們生物學家說成進化。

呂尚：所以，地球上的生物是從簡單到複雜一種一種「製造」出來，不是「進化」而來。達爾文提出的生物出現過程是正確的，但進化理論是錯的。

這裡又有一些爭議，為什麼聖經寫「六天」，這麼短的天數不可能做出來，我認為有可能是一個很長的複製過程，要分六個階段才完成，並不是天文學上的六天時間。

雅威：很好，你能注意到。所以在此我必須說明「天」的單位，聖經記錄我們用六天工作，此「天」並不是你們地球上 24 小時的一天。我們當時的「一天」是指太陽從一個星座到下一個星座的時間，換言之，黃道有十二宮，我們稱為 12 天，是天球 360 度的十二分之一，也就是天球的 30 度，這是「太陽天」，等於地球上的 2 千年，所以「六天」總共是 1 萬 2 千地球年。也就是說，我們外星太空人在 2 萬 5 千年前來到地球，經過 1 萬 2 千年的改造與複製植物、動物、人類，創造了地球上的一切。

呂尚：有意思有意思，因此人類是在 1 萬 3 千年前複製成功的。這也吻合柏拉圖《對話錄》裡頭提到 1 萬 2 千年前高度發達的亞特蘭提斯文明存在的記錄。

也就是說，1 萬 2 千至 1 萬 3 千年之間，正是你們在地球上造人的階段，之後人類在 1 千年間高度發展。

雅威：那之後就是你們自己的事了。我們已經回到母星了。

伊甸園就是複製生物實驗室

呂尚：接著：「上帝創造天地的時候，地上沒有草木，沒有蔬菜，因為他還沒降雨，也沒有人耕種；但是有水從地下湧出來，潤澤大地。後來，上帝用地上的塵土造人，把生命的氣吹進他的鼻孔，他就成為有生命的人。」

雅威：這是我們造人的方法，「地上的塵土」是指我們在地上擷取一些化學元素礦物質為基礎原料，運用生物科技方法造出人形動物，但這只是一個沒有生氣的肉體，還要注入能控制操作的元件，才能成為活生生的人，所以將「把生命的氣吹進他的鼻孔」，才能成為會活動能思想的人。

呂尚：哈哈，我知道了，我在演講時也經常比喻「肉體」與「靈體」的關係，用電腦來比喻，電腦是硬體，沒有灌入軟體是無法操作的，所以必須在肉體灌入靈魂，才是完整的人。

雅威：不是這麼簡單。光是灌入軟體還是不夠，只變成一個會動的機器人而已。你造個機器人，光是輸入程式，雖然會動，還是不能成為真正有生命的人類。

注意，我們是將「把生命的氣吹進他的鼻孔」，「生命的氣」是一種很高深的「生物信息場」的技術，你們現在地球科學家還不會。

呂尚：我想起來了，拉丁語的「呼吸」是spirare，也就是要灌入這股「生氣」，才能成為活生生人，也就是灌入spirare。後世將spirare演變成spirit，就是「靈」，是指靈魂？這是一段值得探究的文字，活人與死人的差別就在「一口氣」，而人死後便要「入土為安」，這些古老傳統觀念都和聖經的記錄吻合，雖然我們無法真正明瞭吹入的「氣」是什麼，但是可以領略這些文字的巧妙。

雅威：沒錯，活人與死人的差別，就是靈魂在不在肉體內而已。肉體只是硬體，靈體才是操作的軟體。沒有靈體的肉體就是死人，兩者兼具才是活人。但是還有一個關鍵因素，還要連接宇宙「信息」，創造出肉體周遭的「生物信息場」，最為重要。

呂尚：精彩精彩，我想到了，是的，從2000年我罹患非何杰金氏淋巴癌時，就深入研究自然醫學，而後繼續研究能量醫學、信息醫學、量子醫學，也知道必須用生物能場的角度看人體。是的，沒錯，人體不是只有硬件的肉體與軟件的靈體，還有七重肉眼看不到的生物能場。這一段太精彩了。

接著：「上帝在東方開闢伊甸園，把他造的人安置在裡面。 上帝使土地生長各種美麗的樹木，出產好吃的果子。在那園子中間有一棵賜生命的樹，也有一棵能使人辨別善惡的樹。上帝把那人安置在伊甸園，叫他耕種，看守園子。上帝命令那人：園子裡任何果樹的果子你都可以吃，只有那棵能使人辨別善惡的樹所結的果子你絕對不可吃；你吃了，當天一定死亡。」

雅威：你們從來就認為「伊甸園」就是一個花園，其實不然。「伊甸園」是我們製造各種地球生物的高科技生物實驗室中的一個的名稱而已，每個實驗室都有各自的名稱。「伊甸園」這個名稱的實驗室位於東邊，首先複製成功人類的就是他們。

呂尚：原來伊甸園真相是這樣的。你們把製造出來的人安置在伊甸園，叫他耕種，看守園子。又交待「園子裡任何果樹的果子你都可以吃，只有那棵能使人辨別善惡的樹所結的果子你絕對不可吃；你吃了，當天一定死亡」，真相一定不是教會所解釋的。

雅威：由於剛造出來的人仍待觀察，不能馬上灌輸他一切知識，所以先叫他做簡單的工作，耕種和看守園子。我們在地球建立的實驗室裡面有很多書，「辨別善惡的樹」是指複製生命的科學書。所以我警告他：「能使人辨別善惡的樹所結的果子你絕對不可吃」，指那些談複製生物技術的書絕對不可以讀，如果讀了，當天就要被銷毀掉。

呂尚：後來，「後來，上帝說：人單獨生活不好，我要為他造一個合適的伴侶來幫助他。於是，上帝使那人沉睡。他睡著的時候，上帝拿下他的一根肋骨，然後再把肉合起來。上帝用那根肋骨造了一個女人，把她帶到那人面前。」

雅威：我們造了男人之後，想說再造一個合適的人來陪伴他。於是用催眠方法讓他沉睡，便從他的肋骨處取了一些細胞，再用無性生殖方法改變基因，複製出女性，於是把她帶到男人的面前。

呂尚：「那人說：這終於是我骨中的骨，肉中的肉；我要叫她做女人，因為她從男人出來。因此，男人要離開自己的父母，跟他的妻子結合，兩個人成為一體。那人跟他的妻子都光著身體，然而他們並不害羞。」

雅威：男人知道這位是從他自己身上的細胞複製出來的，所以說「骨中的骨，肉中的肉」。此時所造出來的男人女人一起住在伊甸園實驗室裡，他們仍純潔如白紙，一點知識都沒有，連光著身子也不知道。

人類違背了上帝的命令

雅威：每個實驗室都在複製人類。有一天，其他實驗室的太空人認為辛辛苦苦成功複製人類，卻不給知識，似乎不好。那個名稱為「蛇」的實驗室科學家便來到伊甸園這個實驗室，對這二位造出來的人說一些話。

呂尚：蛇實驗室科學家問那女人：「蛇是主上帝所創造的動物當中最狡猾的。蛇問那女人：上帝真的禁止你們吃園子裡任何果樹的果子嗎？那女人回答：園子裡任何樹的果子我們都可以吃；只有園子中間那棵樹的果子不可吃。上帝禁止我們吃那棵樹的果子，甚至禁止我們摸它；如果不聽從，我們一定死亡。」

雅威：也不能怪蛇圖騰實驗室的科學家，他們非常喜歡造出來的人類，便去告訴女人，實驗室裡書架上的複製生命的書看了不會死，而是看了以後，便會知道你們人類是如何被複製出來的，就會像我們一樣能夠明白一切。

呂尚：所以聖經記錄「蛇對女人說：不見得吧！你們不會死。上帝這樣說，因為他知道你們一吃了那果子，眼就開了；你們會像上帝一樣能夠辨別善惡。」這裡的「善惡」不是一般認為的好或壞，而是指能明白生物複製的方法。

接著：「那女人看見那棵樹的果子好看好吃，又能得智慧，就很羨慕。她摘下果子，自己吃了，又給她丈夫吃；她丈夫也吃了。他們一吃那果子，眼就開了，發現自己赤身露體；因此，他們編了無花果樹的葉子來遮蓋身體。」

雅威：於是那個女人便拿下書架上有關複製生命的書來看，非常精彩，明白自己是這樣被製造出來的。又拿下書本給男人閱讀，二人得到了知識，明白自己是如此被複製出來的，發現真相後，感到很惆悵，而且知識見長，知道自己沒穿衣服，便用無花果葉編了裙子圍身。

呂尚：「那天黃昏，他們聽見上帝在園子裡走，就跑到樹林中躲起來。但是上帝呼喚那人：你在哪裡？」

雅威：那天黃昏時，來到伊甸園實驗室，看不到他們，便呼叫他們。

呂尚：「他回答：我聽見你在園子裡走，就很害怕，躲了起來；因為我赤身露體。上帝問：誰告訴你是光著身體的呢？你吃了我禁止你吃的果子嗎？那人回答：你給我作伴侶的那女人給我果子，我就吃了。上帝問那女人：你做的是什麼事呢？她回答：那蛇誘騙我，所以我吃了。」

雅威：我立時知道他們看了禁止他們看的複製生命的書。從女人口中知道是蛇圖騰實驗室的太空人告訴他們做了此事。

呂尚：「於是，上帝對那蛇說：你要為這件事受懲罰。在所有動物中，只有你受這詛咒：從現在起，你要用肚子爬行，終生吃塵土。我要使你跟那女人彼此仇視，她的後代跟你的後代互相敵對。他要打碎你的頭；你要咬傷他的腳跟。」

雅威：事實上是這樣子的，我便招來蛇圖騰實驗室的科學家，告訴他們要為此事受懲罰，他們不得返回自己的母星，一輩子要放逐在地球上過活。其它科學家可以回母星。「她的後代跟你的後代互相敵對」是說地球人的後代和蛇圖騰科學家的後代也會經常有爭吵、排斥的事件發生。尤其是女人最怕蛇。

呂尚：哈哈，原來有這樣的典故。接著「上帝對那女人說：我要大大增加你懷孕的痛苦，生產的陣痛。雖然這樣，你對丈夫仍然有慾望，而他要管轄你。」

雅威：本來女人是用細胞培殖的無性生殖的方法複製出來的，我擔心人類知道這些複製方法後，會拿去誤用，製造出變種人類，或因技術不純熟而造出有殘缺的人類，於是我用生物科技方法改變女人的生殖結構，使她以後必須靠有性生殖的懷孕過程來傳宗接代。

呂尚：「上帝對那男人說：你既然聽從妻子的話，吃了我禁止你吃的果子，土地要因你違背命令而受詛咒。你要終生辛勞才能生產足夠的糧食。土地要長出荊棘雜草，而你要吃田間的野菜。你要汗流滿面才吃得飽。你要工作，直到你死，歸於塵土；因為你是用塵土造的，你要還原歸土。」

雅威：這個男人也有看了複製技術的書，所以我又交待，從此必須終身辛苦工作才能生產足夠的糧食來養活家人。要汗流滿面才吃得飽。要工作直到死亡，歸於塵土。因為我不讓男人有時間研究複製人的技術，以免隨意製造各種動物，危害地球。

呂尚：經過您親自解說，根本不需要他人來解經，相信大家一看就明白。

原來全是遠古外星人高科技複製生物的技術。精彩呀精彩。

被趕出伊甸園與守衛機器人

呂尚：「亞當給他妻子取名夏娃，因為她是人類的母親。上帝用獸皮做衣服給亞當和他的妻子穿。」

雅威：希伯來文Adam這個字本來就是「男人」，Eve是「創造的生命」。他們二人眼睛開了，所以我只好用獸皮做衣服給他們穿。

呂尚：原來 Adam 本意就是「男人」，中文音譯為亞當。Eve 本意是「創造的生命」，中文音譯為夏娃。

接著：「後來，上帝說：那人已經跟我們一樣，有了辨別善惡的知識；他不可又吃生命樹的果子而永遠活下去。於是上帝把他趕出伊甸園，讓他去耕種土地——他原是用土造的。」

雅威：於是我告誡所有的太空人，我們所複製出來的二個人和我們一樣已經具備了複製知識，絕對不能夠再放在實驗室裡頭，讓他們再閱讀其它有關生命科學的書，學會用複製方法讓自己永遠複製下去，永遠活著。於是我便將他們移居到外面去，去耕種土地，因為他本來就是用土造出來的。

呂尚：「永遠活下去」就是宗教說的「永生」觀念吧，怎麼與複製有關？

雅威：沒錯，就是「永生」，這是科學的永生方法，不是宗教的永生信仰。因為我們已進步到能用細胞複製生命的水準，任何人只要掌握技術，在壯年身體狀況最佳時，取個細胞低溫儲存起來，等到前身老了要去世之前，用這個細胞複製一個自己。如此一次一次炮製下去，同樣一個人就會永遠活下來了。

呂尚：妙哉妙哉。這種方法才真正是科學的永生，當代的地球科技也可以做到了。因此，宗教信仰上的永生不是永生，科學的複製才是真正的永生。

接著「上帝趕走那人以後，在伊甸園東邊安排了基路伯，又安置了發出火焰、四面轉動的劍，為要防止人接近那棵生命樹。」

雅威：我們把亞當夏娃移居園外之後，便安排守衛機器人守著，也安置連發的槍炮，防止人類再接近這些圖書。不過你們神學界始終搞不清「基路伯」是什麼，其實就是機器人。

呂尚：原來如此。基路伯的英文是 Cherubiens，基督教譯為「基路伯」，天主教譯為「革魯賓」。由字尾 s 可以看出是複數，表示很多個。而且 -ien 是屬「人」的字尾，Cherub 的希伯來原意是「可愛的小孩」，所以 Cherubiens 就是「個子似小孩的機器人」。

雅威：古巴比倫語的 Cherubiens 也有「保護者」之意。所以基路伯就是「守衛機器人」。

呂尚：這裡我有個疑惑，你們是高科技外星人，當時只有二個人類，何必用「發出火焰、四面轉動的」武器與機器人來防衛這二個人。隨便圍一圍不是就防得住？

雅威：問的好。其實不止只有亞當夏娃二位實驗室複製出來，還有很多複製人。後面會有精彩經文說明。

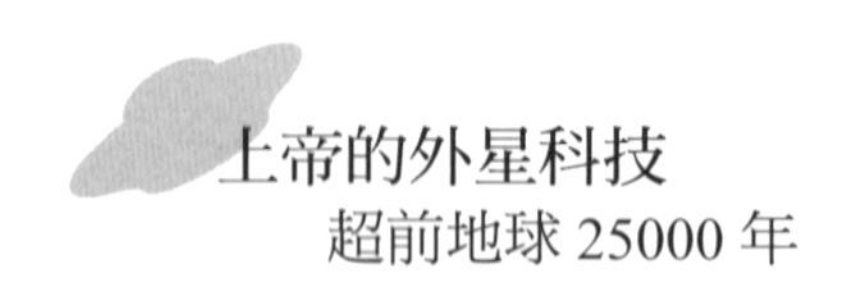

長壽的亞當夏娃的子孫們

呂尚：「亞當跟他妻子夏娃同房，她懷孕，生了一個兒子。她說：由於上主的幫助，我得了一個兒子。她就給他取名該隱。後來，她又生了一個兒子，取名亞伯。」亞伯與該隱是地球上人類第二代，亞伯是牧羊人，該隱是農夫。

雅威：「該隱」在希伯來語中有「得」的意思。若是依據聖經，此時的地球上只有亞當、夏娃、該隱、亞伯四人。

呂尚：「過了一些日子，該隱帶了一些土產，作祭物獻給上主；亞伯也從他的羊群中選出頭胎最好的小羊，作祭物獻給上主。上主喜歡亞伯，接受了他的祭物，但是拒絕了該隱和他的祭物；因此該隱非常生氣，拉下臉來。」

您是高科技外星人指揮官，喜歡亞伯的祭物小羊，看不上該隱的農作供物。我想冒昧地問，您何以有此分別？

雅威：我們是來自外星的高科技人，不是一位無形的信仰者，不是無所不在極為崇高的神，所以，當然也要飲食。

我沒有分別心，不是只喜歡羊肉，不喜歡該隱的土產。只不過他在種植時做了不該做的事，把土地污染了，所以我拒絕了他，沒想到該隱就大大的生氣了。那時也讓我驚覺到，製造出來的人類下一代，怎麼品性不好呢？所以才會有後面的大洪水事件。

呂尚：原來如此，似乎可以說，用細胞複製人類，無法提高他們的品性，這也就是當今地球科技可以做到複製人，但各國都不敢進行，重點在於「人類倫理」。

雅威：所以我反問他：「你為什麼生氣？為什麼拉下臉來呢？你要是做了該做的事，自然會顯出笑容，但因為你做了不該做的事，罪已經埋伏在你門口。罪要控制你，可是你必須制服罪。」

呂尚：原來是該隱行得不好。後來「該隱對他弟弟亞伯說：我們到田野去走走吧！他們在田野的時候，該隱對弟弟下手，把他殺死。」

雅威：該隱不檢討自己所做的事，不滿我只惠顧亞伯的小羊，便把弟弟騙到田間殺死。可以想見，我為何不收下他的祭品了，因為他心裡面充滿負面能量、充滿怨恨。

呂尚：令人唏噓呀。這可算是人類史上第一件謀殺案。

雅威：於是我放逐該隱，成為流離失所的人，住到伊甸園東方的諾得地方，「諾得」就是「流蕩」的意思。

呂尚：「該隱跟他妻子同房，妻子懷孕，生了一個兒子，取名以諾。該隱建造一座城，以兒子的名叫那城以諾。」此處有個問題，當時只有亞當、夏娃、該隱、亞伯。怎麼跑出該隱的妻子，這樣另一個女人？

雅威：<創世紀>至此都沒有提過地球上除了我上帝和亞當一家四人外，還有其他的人。那麼這位該隱的妻子是如何來的？這也就是你在前面所問的問題。這些人都是其他實驗室複製出來的。我們有很多實驗室，也造了不少人，所以該隱才有機會娶妻。必須明白，不是只有亞當夏娃二人而已，我們當時複製了很多地球上古人類。

呂尚：是的是的，聖經裡頭早就有記錄：「當上帝造人的日子，是照著自己的樣式造的，並且造男造女。在他們被造的日子，上帝賜福給他們，稱他們為人」，不是只造一個男女，「造男造女」表示造了很多。。

這裡要提一下很精彩的經文，「亞當活到 130 歲，生了一個兒子，形像樣式和自己相似，就給他起名叫塞特。亞當生塞特之後，又在世 800 年，並且生兒養女。亞當共活了 930 歲就死了。

「塞特活到 105 歲，生了以挪士。塞特生以挪士之後，又活了 807 年，並且生兒養女。塞特共活了 912 歲就死了。

「以挪士活到 90 歲，生了該南。以挪士生該南之後，又活了 815 年，並且生兒養女。以挪士共活了 905 歲就死了。

「該南活到 70 歲，生了瑪勒列。該南生瑪勒列之後，又活了 840 年，並且生兒養女。該南共活了 910 歲就死了。

「瑪勒列活到 65 歲，生了雅列。瑪勒列生雅列之後，又活了 830 年，並且生兒養女。瑪勒列共活了 895 歲就死了。

「雅列活到 162 歲，生了以諾。雅列生以諾之後，又活了 800 年，並且生兒養女。雅列共活了 962 歲就死了。

「以諾活到 65 歲，生了瑪土撒拉。以諾生瑪土撒拉之後，與神同行300年，並且生兒養女。以諾共活了365歲。以諾與神同行，神將他取去，他就不在世了。

「瑪土撒拉活到187歲，生了拉麥。瑪土撒拉生拉麥之後，又活了782年，並且生兒養女。瑪土撒拉共活了969歲就死了。

「拉麥活到182歲，生了一個兒子，給他起名叫挪亞，說：這個兒子必為我們的操作和手中的勞苦安慰我們；這操作勞苦是因為耶和華咒詛地。拉麥生挪亞之後，又活了595年，並且生兒養女。拉麥共活了777歲就死了。挪亞500歲生了閃、含、雅弗。」

雅威：聖經所記錄的，亞當的後裔都非常長壽，都活了8～900歲，在洪水之前共有十代。他們如此長壽，你們的考古學家和神學家尚未有一個圓滿的說法。

呂尚：有人提出兩個理由來解釋原始人的長壽，一是說自然環境沒有污染，二是說上帝您的措施，使人能有較長壽命來繁殖地球人。

雅威：這些解釋都是你們地球人的假想，真相是這樣的：我率領的外星太空人來地球進行複製人類的技術，可以直接製造出接近1千歲的壽命，那是由於他們植入IC生物晶片的關係。

呂尚：難怪聖經接著是您說：「人既然是屬肉體的，我的靈不永遠住在他們裡面；所以他們的壽命不得超過120歲。」這段話明白告訴我們，地球人類是血肉結構，您的「靈」就不再住在裡面，這個「靈」不是虛幻信仰的靈，而是具體的IC晶片，之後的人類沒有再被植入IC晶片，壽命就變成不得超過120歲了。原來真相是這樣子的。有意思。

雅威：在前面，所有人最後都是用「活了 ××× 歲就死了」的句子，只有一個人不是這樣的記錄，有沒有看到？

呂尚：有，精彩的「以諾活到 65 歲，生了瑪土撒拉。以諾生瑪土撒拉之後，與神同行 300 年，並且生兒養女。以諾共活了 365 歲。以諾與神同行，神將他取去，他就不在世了。」以諾是唯一不是死在地球上的先輩，而是「神將他取去」。這值得探索。

雅威：所有人類都是在地球上死亡，只有和我有密切交往的以諾最後是被我接去，沒有留在地球上。我把他接去了哪裡？事實上就是將他接到我們的太空船裡，飛回我們的母星。

呂尚：我也認為歷代聖經學者都在故意忽視以諾被您接去的這一段，不敢面對揭露的事實，反而認為是偽經。您將以諾接去外星球，這才是最精彩的。

雅威：以諾曾經留下他的航行太空、到達外星球的紀錄，卻被教會視為偽經，待講完全本聖經後，再來談談《以諾書》。

呂尚：好的。接著「當人口開始增多，分布全世界，並且生養女兒的時候，有些神子看見人類的女子美麗，就隨自己所喜歡的娶她們為妻。」這裡突然出現「有些神子」，裡面一定藏有驚人的事實真相。

雅威：沒錯。你們傳統基督宗教認為上帝只有一位，聖經也從來沒有提過上帝的妻子，何來「神的兒子們」？其實他們就是我們外星太空人的兒子們！因為我們千里迢迢尋找星球做複製生物的實驗室，太空船裡有很多夫婦檔，我們改造地球之後，當然就住了下來，同時也生出很多外星後裔的子女。

所以這一段是說，這些外星太空人的兒子們，看到複製出來的地球人的女子美麗，便隨自己所喜歡的娶來為妻。

呂尚：唉呀，這樣就很明白了，沒有不能解釋的了。

接著：「從那時以後，地上有巨人出現。他們是神子跟人類的女子所傳下的後代；他們是古代的英雄和名人。」

雅威：那時，外星人的兒子們和地球人類混血，生下的人就具有我們外星血統的混血地球人，體格高大，品種優秀，就成為上古的英雄和名人。這些上古英雄就被留傳在你們不同的神話裡面了。

呂尚：原來上古真有巨人的存在，難怪近年考古挖出不少巨人的骨骸。

接著「上主看見人類個個邪惡，始終心懷惡念，就後悔自己在地上造了人。他很憂傷，說：我要從地面上消滅我造的人類，也要殲滅獸類、爬蟲，和飛鳥，因為我後悔造了這些動物。可是上主喜歡挪亞。」

雅威：我看到複製出來的人類很不完美，也後悔了，於是要用大洪水來毀滅地球上所有的生物。

呂尚：所以就有了後面挪亞方舟的故事。

挪亞方舟是漂浮的太空船

呂尚：「上帝俯視世界，看見世界敗壞，人的行為非常邪惡。上帝對挪亞說：我決定滅絕人類。世界充滿著他們的暴行，我要把他們跟這世界一起消滅。」

雅威：我真的沒有想到人類的行為非常邪惡。傷心呀。

呂尚：所以您交待挪亞聖經裡面記得很清楚，「你要選用好的木材，為自己造一條船；船裡要有房間，裡面外面都塗上柏油。船長133公尺，寬22公尺，高13公尺。船要有窗戶；窗戶接船頂，高44公分。船艙分上、中、下三層，船邊要留門。」

雅威：這是我指示的方舟大小。

呂尚：歷代以來很多考古學家在探尋方舟，似乎曾經在義大利亞拉臘山的山頂上找到遺跡，但一直沒有證實，迄今仍然是個謎。

雅威：當然是個謎，因為方舟不是一般的船，而是小型太空船，當時是浮在水面上。

呂尚：這，太離奇了。好吧，等您仔細解釋。

接著「我要使洪水氾濫大地，消滅所有的動物。地上的一切都要滅絕。但是我要與你立約；你要領你的妻子、兒子、媳婦進到船裡。你也要把地上各種牲畜、爬蟲、飛鳥各一對，一公一母地帶到船裡，好保存牠們的生命。你要為你們和動物貯存各種食物。

挪亞照上帝的吩咐一一做了。」

雅威：我交待除了他們家人之外，還要保留所有動物的雌雄，以便傳種。挪亞就照著我的吩咐去做了。

呂尚：「七天後，我要降大雨四十晝夜，把我所創造的一切生物都消滅。」所以您就降雨40天，除滅所有生物。這就是膾炙人口的「挪亞（諾亞）方舟」的故事，也是考古學上著名的主題。

接著：「挪亞600歲那一年，2月17日，地下深淵的泉源都裂開，天空所有的水閘也都打開，傾盆大雨下了四十晝夜。就在那一天，挪亞跟他妻子、三個兒子——閃、含、雅弗，和媳婦都進了船。各種野獸、牲畜、爬蟲，和飛鳥也各按其類，成雙成對地跟挪亞一起上船。所有的動物都照著上帝的命令，雌雄一對對地上船。然後，上主替挪亞關上船門。

「洪水氾濫連續四十天。水往上漲，船從地上浮起來。水越漲越高，船開始在水面上漂蕩。洪水淹沒大地，使天下所有最高的山峰都沒頂。但是水繼續高漲，高過山峰七公尺。地上所有的動物：飛鳥、牲畜、野獸、爬蟲，和人類都死光。地上一切有氣息的生物也都死了」

雅威：我內心也是很無奈呀，畢竟是我們複製出來的物種。

呂尚：「洪水淹沒大地一百五十天。上帝從未忘記挪亞和所有跟他在船裡的動物。他叫風吹大地，水就開始消退。地下深淵的泉源和天空的水閘都關閉起來，大雨也停止。一百五十天內，水逐漸消退。

7月17日，船擱在亞拉臘山脈的一座山上。水繼續消退，到了10月1日，山峰開始出現。」

雅威：我們外星人在地球軌道上的太空船內觀看，從未忘記挪亞和所有跟他在船裡的動物。我們知道要讓水開始消退，過了150天，水開始消退，7月17日太空船方舟降落停在土耳其亞拉臘山脈的一座山上，洪水繼續減退，到了10月1日，山峰開始出現。

呂尚：「四十天後，挪亞打開窗戶，放出一隻烏鴉。這隻烏鴉飛來飛去，一直飛到水都消退了，沒有回來。挪亞又放出一隻鴿子，要看看水退了沒有。但是，因為水還淹沒大地，鴿子找不到落腳的地方，就飛回來。挪亞伸手把牠接回船上。又等了七天，他再放出鴿子。黃昏的時候，那隻鴿子嘴裡叼著新的橄欖葉子，飛回挪亞那裡。這樣，挪亞知道水退了。再等七天，他又放出鴿子；這次鴿子不再飛回來。挪亞601歲那一年，正月初一，洪水全部消退。挪亞打開船蓋，探頭張望，發現地面開始乾了。到了2月27日，地面全部乾了。」

雅威：我就對挪亞說：你和你的妻子、兒子、兒婦都可以出方舟。在你那裡凡有血肉的活物、就是飛鳥、牲畜、和一切爬在地上的昆蟲、都要帶出來、叫他在地上多多滋生、大大興旺。

此時我心想，不要再因人的緣故咒詛他們從小時候心裡懷著的惡念，也不要再想著毀滅各種動物了。那些都不是他們的原罪，而是我們複製技術的缺憾。

呂尚：於是您賜福給挪亞和他的兒子們，對他們說：「要生養眾多，使你們的後代遍滿世界。所有地上的牲畜、空中的飛鳥、地面的爬蟲，和海裡的魚類都要畏懼你們，歸你們管理。從前我把蔬菜給你們作食物，現在我也把這些動物給你們作食物。」

這裡寫「現在我也把這些動物給你們作食物」，也就是說在大洪水之前，地球人類是吃素的，大洪水之後，就可以吃肉了。所以，大洪水是人類素食葷食的轉變點。為什麼？

雅威：因為此時的地球人沒有晶片植入了，必須要有足夠的營養來成長。不過我也特地交待「但是你們絕不可吃帶血的肉，因為生命在血裡。」

呂尚：可是現代外國佬吃牛排，還喜歡五分熟或三分熟，都還帶著血水。我看了都有些不安。「因為生命在血裡」這一句有意思，表示可以用血液裡的細胞來複製人吧！

雅威：確實如此，不過現代教會都不知原意了。

呂尚：接著您說「流你們血害你們命的、無論是獸、是人、我必討他的罪」，天主教方濟會的聖經翻譯是「我要追討害你們生命的血債：向一切野獸追討，向人，向為弟兄的人，追討人命」，表示殺人者您可以追討人命，可是現在很多人權團體都在殺人者講人權，完全忽略被害人與其家庭的人權，是非完全不分。

雅威：這也就是當時我們母星反對派所堅持的，「看見世界敗壞，人的行為非常邪惡」，他們知道後果會如此，所以，我也只好同意毀滅千辛萬苦在地球上複製出來的人類與動物。藉此，你們地球人必須深思。

呂尚：看到現在的地球，動亂越來越多，中東地區戰爭不停，氣候極端化，似乎 1 萬年來，人類沒有真正反省呀。真不知要如何導正。

雅威：你這個書生，太有為天下的好心，但不用憂民憂國，一切順其自然，做好自己就好了。

呂尚：是的是的，我會記住，不過，士人之心很難改，看到不公不義，內心難過呀。

雅威：我們毀滅掉在地球上複製的所有生物，內心也極為難過，但，沒辦法，可以複製生物體，但無法複製出「心性好」的生物體，這是我們當初沒有想到的，以為不過是生物技術，事實上還有無形的意識能量場。這個學問很大，希望你以後能研究並發揚光大。

呂尚：好的，謹記。接著「洪水以後，挪亞又活了 350 年，他死的時候是 950 歲」，「洪水後，世界上所有的民族都是從挪亞的兒子們傳下來的。」因為大洪水將全地生物全部滅絕了，挪亞和兒子們成為地球上新一代人類的共同祖先。

雅威：此事件過後，我們就回到母星一段時間，不再管地球上的事情。

呂尚：一般都認為上帝是博愛的，可是你們只留挪亞一家人，一下子把地球上所有的生物統統毀滅，按照這樣的行為，不是博愛，而是殘忍。而且，整部聖經，都有記錄您毀滅城市、殺害很多人的記錄，如果按照聖經，可以統計出上帝您的殺害的人不計其數，這是怎麼回事？

例如在「列王紀下」19:35 記有上帝您曾派太空人做了一件大事：「當天晚上，上主的天使進入亞述人的營中，殺了十八萬五千兵士。第二天天亮，遍地都是屍首。」我不相信您如此兇狠，傳統神學界為了免於損壞您的形象，便解釋「上主的天使」可能是指一種忽然發生的瘟疫。

在《撒母耳記》下 24:15 也有：「於是上主降瘟疫在以色列人身上，從那天早上到他所定的時候，從北邊的但到南邊的別是巴共有七萬以色列人死亡。」

雅威：哈哈有意思，你這個問題很尖銳，也很實在。真的是按照聖經的記錄，我殺死很多人，何以如此？何以你們還說「上帝愛人」？要探討的是深層意涵。

其實在你們的社會也曾經發生過多次，就是禽流感、口蹄疫等，請問：你們的養雞場或是養豬場流行禽流感、口蹄疫時，會怎麼做？是不是把那些豬牛雞鴨統統銷毀。又如同現代工廠製造食品，發現食品品質有問題，不能拿到市場上販賣，於是便銷毀。道理是相同的。

人類是我們外星人在地球上複製的，若是發現這些被複製出來的人類品種不好，或是有殘缺，或是有疫病，最簡單的方法就是統統銷毀，不是博愛不博愛的問題。

呂尚：深入想想，也是的，這才是宇宙的大愛，不是人間的小愛。不能因私人的小愛害了大眾，這才是博愛！多謝了，雅威。

巴別塔是人類史上第一支火箭

呂尚：這事件過後，您們回到母星，所以不再管地球上的事情。

此後 300 多年，挪亞的兒子傳宗接代，形成三支上古民族，「起初天下的人只有一種語言，使用一種話。他們在東方一帶流浪的時候來到巴比倫平原，在那裡定居。他們彼此商量：來吧！我們來做磚頭，把磚頭燒硬。於是他們用磚頭來建造，又用柏油砌磚。他們說：來吧！我們來建造一座城，城裡要有塔，高入雲霄，好來顯揚我們自己的名，免得我們被分散到世界各地。」

雅威：從挪亞發展至今，地球人的科技已經很高了，事實上這個「高入雲霄」的塔是地球人製造的第一支火箭。他們想製造能航行太空的火箭，來找我們。

於是，反對派又要我來到地球，現在人類的科技已發展很高了，如果以後再繼續發展下去，人類可以為所欲為了，想做什麼都能成功，要複製生物也能成功。

呂尚：所以聖經上寫著：「於是，上主下來，要看看這群人建造的城和塔。他說：他們是同一個民族，講同一種話；但這只是一個開始，以後他們可以為所欲為了。 來吧！我們下去攪亂他們的語言，使他們彼此無法溝通。於是上主把他們分散到全世界，他們就停止造城的工程。因此這座城叫做巴別；因為上主在那地方攪亂了人類的語言，把他們分散到世界各地。」

雅威：我們為了阻止人類的進步，不能這麼快讓地球人擁有高科技，於是再度從天上下來，改造人類的發聲系統，變亂人類的語言口音，並且把人類分散到世界各地，讓人類從此無法溝通。從此以後，人類的口音和語言就不同了，文化發展立時停頓下來，人類科技不再進步。

呂尚：難怪「巴別」希伯來語 לבב לדגמ，Migdal Bavel 就是攪亂了的意思。

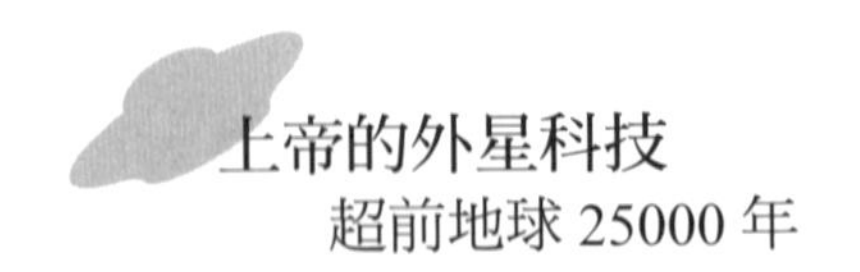

首度記錄上帝上升去了

呂尚：從此人類就在地球上慢慢發展，經過九代，生了亞伯蘭、拿鶴、哈蘭。「在亞伯蘭 99 歲的時候，上主向他顯現，說：我是全能的上帝。你要服從我，要做一個誠實正直的人。我要與你立約，使你有許多子孫。」

雅威：因為此時我要在地球上檢選一個合適的人，來做我們要做的事。在當時的人群中，我選擇亞伯蘭。

呂尚：亞伯蘭俯伏在地上，您又對他說：「我與你立的約是這樣：你要作許多民族的祖宗。從現在開始，你的名字不再叫亞伯蘭，要叫亞伯拉罕，因為我立你作許多民族之父。我要賜給你許許多多子孫；他們的數目足夠組成好些國家；他們當中會出一些君王。」因為我們知道，地球人如此繁衍下去，若是沒有組成國家，由君王來帶領，地球人將會混亂。

呂尚：於是亞伯拉罕在那裡為向他顯現的上主建了一座祭壇。有一天，「日落天黑的時候，突然有冒著煙的火爐和燃燒著的火炬出現，從那兩行肉塊中間經過。上主就在那時、那地方與亞伯拉罕立約。」

雅威：「冒著煙的火爐和燃燒著的火炬」是我們的小型發光飛行器，在人群中飛行，我們是來和亞伯拉罕立約的。

呂尚：您對亞伯拉罕說：「你不可再叫你的妻子莎萊；她的名字要改為莎拉。我要賜福給她，使她為你生一個兒子。我要賜福給她，使她成為萬國的母親；她的後代將出君王。」

亞伯拉罕俯伏在地上竊笑，自言自語：「100歲的老人還能夠有孩子嗎？莎拉已經90歲了，還能生孩子嗎？」您說：「不！你的妻子莎拉一定要為你生一個兒子，你要給他取名以撒。我要向他以及他的子子孫孫堅守我的約；這是永遠的約。」

當我看到這裡，心想，您們都會複製整個人了，讓90歲的女人生子，這技術太簡單了吧。

雅威：當然簡單了。

呂尚：重要的是，您對亞伯拉罕說完這些話，「就離開他上升去了。」

雅威：這裡是聖經第一次出現我「上升去了」的記錄，如果我是全能萬能的神，用出現與消失方式就可以了，何以用「上升去了」？當然是指我的太空船從地面上升而去。

呂尚：那時您「在幔利的聖樹那裡向亞伯拉罕顯現。那時正是白天最熱的時候，亞伯拉罕坐在帳棚門口。他抬頭一看，看見三個人站在那裡，就跑上前迎接他們，俯伏在地，對他們說：我主，請在這裡休息一會兒，讓我招待後再走。我去拿水給你們洗腳，請在樹下休息。我去準備一點食物給你們吃，吃了才有力氣繼續趕路。你們到我家來，請接受我的招待。

「亞伯拉罕急忙跑進帳棚，對莎拉說：趕快拿最好的麵粉出來，烤些麵包。接著，他跑到牛群中，選了一頭又嫩又肥的小牛交給僕人，吩咐趕快準備。他拿來乳酪、牛奶，和牛肉，把食物擺在他們面前，親自在樹下招待他們；他們就吃了。」

雅威：這一段詳細描寫亞伯拉罕拿水給我的太空人洗腳，拿出烤麵包、乳酪、牛奶、牛肉等食物給太空人吃，而且「他們就吃了」，這裡有很大的啟示，值得大家深思。

如果我雅威和天使們純粹只是宗教信仰的無形的神界人物，絕對不應該有「飲食」的動作。然而聖經裡頭如此詳細的描述，流傳 2 千多年，也沒有被刪改掉，可知我們就是實際存在的，也是需要飲食的高科技外星人。

所多瑪與蛾摩拉毀於原子彈

呂尚：此處首度出現聖經中很有名的所多瑪、蛾摩拉二座城市，「上主對亞伯拉罕說：我聽到許多指控所多瑪、蛾摩拉的話；他們惡貫滿盈。我一定要下去看看所聽到的控訴是不是確實。」這是怎麼回事？

雅威：這一段的真相是這樣的：那候，被分散各地的地球人中較有理想有技術的，便聚集在所多瑪和蛾摩拉，他們想成立二個恢復既有成就的科技中心，以便搶救一些科學資料，進行複製技術的研究。

「惡貫滿盈」不是作惡多端，而是我們認為已經完全具備複製人的技術。所以我要下來查證，因為我們不想讓地球人這麼早就達到複製生物的水準，所以把地球人得到這樣的科技水準稱為「惡」。

呂尚：這時亞伯拉罕問您:「你真的要把無辜者跟有罪的人一起消滅嗎？如果城裡有五十個無辜的人，你還要消滅全城嗎？不會為了救這五十個人而饒恕這城嗎？你一定不會把無辜者跟有罪的人一起殺掉！一定不會！你那樣做，無辜者就跟有罪的一起受罰了。一定不會！世界的審判者一定是公正的。」我真佩服亞伯拉罕，還敢質問您。

雅威：我當然不會不公平，所以有說：「如果我在所多瑪找到五十個無辜的人，我就為了他們饒恕整個城。」但是亞伯拉罕一直爭取，討價還價，最後我答應如果只十個，我也不毀滅那城。說完話，各自回去。到了那天晚上，我派二位太空人入城去調查。

呂尚：您的兩位天使對愛好和平的羅得警告，「你在城裡還有什麼人嗎？有兒女、女婿，或其他親人在這兒嗎？叫他們都離開，因為我們要毀滅這城。對此地居民的控訴，上主已經聽到了，因此他派我們來毀滅這城。」

但是他的女兒女婿們不相信。天亮的時候，天使催促羅得說：「趕快帶你的妻子和兩個女兒離開這裡！免得你們跟這城同歸於盡。羅得猶豫不決，但是上主憐憫他，那兩人就拉著他、他妻子，以及兩個女兒的手，帶他們離開那城。到了城外，其中一個天使說：你們逃命吧！不要回頭看，也不可停留在山谷。要跑到山上才不至於死。」

雅威：二位太空人要羅得一家人趕快逃難，不要回頭看，也不可停留在山谷。要跑到山上才不至於死。直到羅得一家人他們逃到瑣珥，已經是清晨太陽出來了。

呂尚：「太陽出來的時候，羅得到了瑣珥。突然，上主使燃燒著的硫磺從天上降落在所多瑪和蛾摩拉城。他毀滅了這兩個城、整個平原、所有人口，以及長在地上的一切植物。羅得的妻子回頭觀看，就變成一根鹽柱。」

雅威：我從空中投下威力強大的原子彈，瞬間毀滅所多瑪和蛾摩拉二城，以及周邊平原。也使得好奇停下來看的羅得妻子整個人化解變成灰白色。

呂尚：「第二天一早，亞伯拉罕到了他在上主面前站立過的那地方。他俯視所多瑪、蛾摩拉，和整個平原，看見地面上冒著煙，像大火爐冒出來的煙。」

雅威：只有原子彈的威力才如此大。

呂尚：此次爆炸威力不亞於上個世紀的美國投在日本廣島的原子彈。所以，聖經中這一次的記錄才是人類史上第一顆原子彈爆炸事件。廣島的原子彈是第二次記錄。

考驗亞伯拉罕對上帝的忠心

呂尚：過了些時候，您要考驗亞伯拉罕。便呼喚他：「要帶你的兒子，就是你所疼愛的獨子以撒，到摩利亞去，在我將指示你的一座山上，把他當作燒化祭獻給我。

「第二天一早，亞伯拉罕劈好獻祭用的木柴，放在驢背上，帶著以撒和兩個僕人，一起往上帝指示他的地方去。第三天，亞伯拉罕遠遠地看見那地方。於是他對僕人說：「你們跟驢留在這裡；我帶孩子到那邊敬拜，然後再回到這裡來。

「亞伯拉罕把獻祭用的木柴放在以撒背上，自己手裡拿著刀和火種。父子兩人走著，以撒叫聲：爸爸！亞伯拉罕回答：我兒，什麼事？以撒問：火種和木柴都有了，獻祭的羔羊在哪裡呢？亞伯拉罕回答：我兒，獻祭的小羊上帝會親自預備！兩人又繼續往前走。」

他們來到您指示的地方，亞伯拉罕開始建造祭壇，把木柴堆在上面，把自己的兒子綁起來，放在堆著木柴的祭壇上面，然後舉刀要殺兒子。

「上主的天使從天上喊他：亞伯拉罕！亞伯拉罕！他回答：我在這裡！天使說：不要下手，不可傷害孩子！現在我知道你敬畏上帝；因為你沒有把自己的兒子，就是你的獨子，留住不給他。」

雅威：這一段經文，若是以「神愛世人」的上帝信仰來看，萬能的天主有需要為了考驗亞伯拉罕是否對他一人忠誠，而用此種叫父親親手殺兒子的方法嗎？

不是的，我不是大家信仰上的天主，而是來自外星的太空人指揮官，我也只是一個高科技的人種而已。如此試煉，也是人之常情。亞伯拉罕的另一個兒子雅各也相當蒙我的喜愛。所以我說「我要賜福給你，要給你許許多多的子孫，像天空的星星、海灘的沙粒那麼多；你的後代將征服敵人。地上萬國都要因你的後代蒙福，因為你遵從我的命令。」

呂尚：「雅各離開別是巴往哈蘭去。日落時，他來到一個地方，在那裡過夜；他搬一塊石頭作枕頭，躺在地上，睡著了。他夢見一個梯子從地上通到天上，梯子上有上帝的使者上下往來。他又看見上主站在他旁邊，對他說：

「我是上主，是你祖父亞伯拉罕的上帝和以撒的上帝；我要把你現在躺著的這塊土地賜給你和你的後代。他們要像地上的塵土那樣多，向東西南北各方擴張領土。我要藉著你和你的後代賜福給世界各國。我要與你同在；無論你到哪裡，我都保護你，並且帶領你回到這片土地。我絕對不離棄你；我一定實現對你的許諾。

「雅各一覺醒來，說：上主確實在這地方，我竟不曉得！他就害怕，又說：這地方多麼可畏；乃是神的殿、也是天的門。」

雅威：事實上，這是我們的太空船懸停在空中，從其底部垂下直立梯子，太空人們忙得上上下下，此種場景在近代許多 UFO 報告中屢次出現。雅各所形容的「天的門」，就是從這個梯子可以進入太空船內部。

呂尚：後來，「雅各從美索不達米亞回來以後，上帝再向他顯現，賜福給他。上帝對他說：你的名字是雅各，但今後你要叫以色列。於是上帝給他改名為以色列。上帝對他說：我是全能的上帝；我要給你許許多多子孫。許多國家將從你的子孫興起；你將作好些君王的祖宗。」這就是以色列由來。

說完這些，「神就從那與雅各說話的地方升上去了。」

雅威：那時我又降落，給雅各改名叫以色列，並告訴他生育繁殖，成為以色列民族直到現在。說完之後，便乘著飛碟上升去了。

呂尚：由於雅各有 12 個兒子，以後生養眾多，成為龐大的種族。在「創世紀」裡一連十章都在記述這個家族的事蹟。

受上帝特別眷顧的約瑟

呂尚：「雅各繼續住在他父親住過的迦南地區。以下記載的是雅各一家的事蹟。（雅各的兒子）約瑟 17 歲的時候經常跟哥哥們出去放羊。他幫助父親的妾辟拉和悉帕的兒子們放羊；他常常向父親報告哥哥們所做的壞事。

「雅各特別鍾愛約瑟，勝過其他的兒子，因為約瑟是他年老的時候生的；雅各做了一件彩色的外袍給約瑟。約瑟的哥哥們看見父親偏愛約瑟，就憎恨弟弟，不跟他和睦相處。」

雅威：還不只如此，「有一次，約瑟做了一個夢。他把這夢告訴哥哥們，他們就更恨他。」

呂尚：我想不通，兄弟間會是如此？

雅威：這也是我後悔複製人的原因，以前只好用大洪水消滅複製出來的所有生物。「複製」只是生物科技，「人性、人心」是無法用生物科技複製的。唉，沒有辦法。

呂尚：有一天以色列說告訴約瑟，你去看看哥哥們是不是平安，羊群是不是安全，回來告訴我。於是約瑟來到示劍，在野外迷了路。有個人看到他，就問他說你找甚麼。約瑟說在找哥哥們。那人說，他們已經走了，我聽見他們說要往多坍去，於是約瑟往多坍去。哥哥們遠遠就看見約瑟，「在他走近之前，大家同謀，決定殺他。

他們彼此說：那做夢的來了。來吧！殺掉他，把屍體丟在枯井裡，說他是被野獸吃了。讓我們看看他的夢能不能實現。」真是的，似乎這是人類的劣根性。

不過還好，「猶大對他的兄弟們說：我們殺害自己的弟弟，把罪行隱蔽起來有什麼好處呢？不如把他賣給這些以實瑪利人。這樣，我們用不著下手害他；他畢竟是我們的弟弟，我們的骨肉。兄弟們都同意。那時有些米甸商人經過，哥哥們就從井裡把約瑟拉上來，以 20 塊銀子的價錢賣給以實瑪利人；這些人就把約瑟帶到埃及去。

「這時候，那些米甸人在埃及把約瑟賣給埃及王的一個臣僚——侍衛長波提乏。」

雅威：事實上是我的太空人在關照約瑟。

呂尚：確實，聖經寫了不少您的關照，「上主與約瑟同在，使他事事順利。他住在埃及主人的家裡；主人發現上主與他同在，使他所做的事都成功。波提乏喜歡約瑟，委派他作自己的侍從，管理家務和他所有的一切。從那時起，由於約瑟的緣故，上主賜福給那埃及人的家；他家裡和田園所有的也都蒙福。」

還有一次，「約瑟的主人非常生氣，叫人把約瑟抓起來，關進王室的監獄；約瑟就在那裡坐牢。但是上主與約瑟同在，賜福給他；因此監獄長很喜歡他，派他管理其餘的囚犯，負責處理監獄裡的事務。約瑟負責辦理的事，監獄長都不必操心；因為上主與約瑟同在，使他經管的一切都很順利。」

雅威：約瑟是個有能力的人，法老作了二個夢，召了埃及所有的術士和博士來，卻沒有人能給法老解夢。當時有人推薦約瑟，約瑟聽完法老的敘述，便說那夢代表會有7個好年、接著7個荒年，便建議法老：「我建議陛下起用有智慧有遠見的人，派他管理國政，並指派其他官員，在7個豐年期間，徵收全國農產物的五分之一。命令他們在將要來臨的豐年期間收集五穀，在各城儲備糧食，派人管理。在接踵而來的7個荒年期間，這些囤糧可以供應全國人民，使人民不至於餓死。」

呂尚：於是埃及王對他的臣僕說：「我們再也找不到比約瑟更理想的人，因為有上帝的靈與他同在！王對約瑟說：上帝既然把這一切指示你，你一定比誰都有智慧，更有遠見。我要派你治理我的國；我的人民都要服從你的命令。在本國，只有我的權力高過你。現在我任命你作埃及的首相。」

雅威：後來果然7個豐年，過後果然是7個荒年，當時饑荒遍滿天下，「周圍各國的人也都來向約瑟買糧，因為天下到處饑荒，災情非常嚴重。」

呂尚：以色列（雅各）住的迦南地也有饑荒，便對兒子們說「你們為什麼不想些辦法呢？聽說埃及有糧，你們去買些回來吧，免得我們都餓死。」於是約瑟的十個哥哥到埃及買糧食去了。

「約瑟的哥哥們來到他面前，俯伏在地上叩拜。約瑟一看見哥哥們就認出他們，可是他假裝不認識，嚴厲地問他們：你們是從哪裡來的？他們回答：我們是從迦南來買糧的。約瑟想起從前自己做過的夢，就故意對他們說：你們是探子，是來偵察我國虛實的。「他們回答：我主啊，僕人不是探子，是來貴國買糧的。我們都是兄弟，是老實人，不是探子，我主啊，僕人本來有 12 個兄弟，是同一個父親生的；他住在迦南。最小的弟弟跟我們的父親在一起，還有一個弟弟不在了。」

雅威：他們都以為約瑟這個弟弟已經死了。

呂尚：約瑟再堅持：「不！我剛才說過了，你們的確是探子。我要試一試你們誠實不誠實。除非你們把最小的弟弟帶到這裡來，我絕不准你們離開。你們要派一個人去帶他來；其餘的人監禁在這裡，等你們證實了所說的話。不然，我指著王的性命發誓，你們都是探子。」

第三天，約瑟對他們說：「我是敬畏上帝的，如果你們接受我的條件，我就饒你們的命。為要證實你們是誠實人，得留下一個人在監獄裡當人質；其餘的人可以回去，把你們買的糧食帶回去給饑餓的家人，然後把最小的弟弟帶到我這裡來。如此你們的話便有證據，你們就不至於被處死。」他們接受了這條件，回到迦南，到父親那裡，把經過的事一一告訴他。

雅威：後來，他們將最小的弟弟帶去。約瑟一見到自己的弟弟，心裡非常激動，幾乎當眾哭了起來。於是他離開他們，避進自己的房間，哭了一陣。然後洗了臉再出來，抑制自己的感情，命令開飯。最後，約瑟向兄弟們表明自己身份。

呂尚：約瑟在侍從面前再也無法抑制自己的情感，於是命令他們離開，到外面去。對他弟兄們說：「我就是約瑟，父親還健在麼？」兄弟們一聽見這話都嚇呆了，答不出話來。約瑟又對他弟兄們說：「我就是被你們賣到埃及的弟弟約瑟。但是，你們不要為這件事焦急自責。上帝為了保存大家的性命，親自差我先到這裡來。這地方的饑荒到現在才兩年，還有 5 年不能耕種，也不會有收成。為要保存你們和你們的後代，上帝差我先到這裡來，用這方法解救你們。這樣看來，差我來的是上帝，不是你們；他使我成為王的最高官員，作埃及的首相，治理全國。」

雅威：他們回去後，告訴父親說：「約瑟還活著，並且作了埃及的首相。雅各目瞪口呆，不敢相信他們的話。」但看到兒子們的表現及約瑟派來接他的車子，就不再驚訝。準備前往埃及。

呂尚：當夜，在異象中您對他說話：「我是上帝，是你父親的上帝。不要怕到埃及去。我要使你的後代在那裡成為大國。我要親自和你到埃及去，並且親自帶你的後代回到這塊土地來。你死的時候，約瑟會在你身邊為你送終。」

雅威：我當時不是說「我是 God，是你父親的 God」，依據希伯來原文是「我是 Jahve，是你父親認識的 Jahve。」後世都把 Jahve 直接翻譯為上帝。不管是 Jahve 或是 Elohim、Eloha 統統譯成 God，產生信仰上的錯誤。

呂尚：這也沒辦法，宗教界就是如此。

約瑟和他父親家族就繼續住在埃及的歌珊地，他們在那裡置了產業，並且生育甚多。在 110 歲時，約瑟對他的兄弟們說：「我快要死了，但是上帝一定照顧你們，帶你們離開這地，到他應許給亞伯拉罕、以撒，和雅各的那片土地去。」

「約瑟又叫以色列人發誓；他說：你們要向我發誓。當上帝帶你們往那片土地去的時候，要把我的骸骨一起帶走。」

雅威：約瑟死了，享壽 110 歲。人們用香料包殮了他，放在棺槨內，安厝在埃及。〈創世紀〉就在這裡結束，接下來進入著名的〈出埃及記〉，記述以色列子孫在埃及所受的壓迫與出走。

分開紅海的是強電流束

呂尚：基督教聖經譯為〈出埃及記〉，天主教聖經譯為〈出谷記〉，我個人覺得後一譯名更能表達這一記的深意。第 1 至 18 章述以色列人如何在埃及受奴役，如何在摩西率領下離開埃及到達西奈山。第二部分敘述上帝與以色列人在西奈山立約，並頒賜十誡。因為您將以色列子民由埃及救出，實在是要把全人類由罪惡深淵中救出來的預象。不過出埃及記曾被拍成電影，大眾較熟悉，因此本書仍用此名。

雅威：當時「他們的後代，就是以色列人，人口增加很快，又多又強盛，遍及埃及全境。」

呂尚：後來，埃及有一個新王登基，他對約瑟的事毫無所知。便對埃及人說：「這些以色列人又多又強盛，對我們是一種威脅。一旦發生戰爭，他們可能跟敵人聯合攻打我們，逃離我們的國土。我們必須設法阻止他們人口的增加。」

於是埃及人指派監工，強迫以色列人服苦役，加重擔苦害他們。用這方法來打擊他們的情緒。但是埃及人越虐待以色列人，以色列人越生養得多，人口分佈得越廣，因此埃及人懼怕以色列人。

雅威：這個時候，我們回到母星，不知發生這些事。

呂尚：〈出埃及記〉中最著名的人物摩西的出生是這樣的。「有一個利未族的人和他同族的一個女子結婚，生了一個兒子。她看見這嬰兒那麼俊美，就把他藏了三個月。到她實在隱藏不了這孩子，就拿蒲草編了一個籃子，塗上防水的瀝青和柏油，把孩子放在籃子裡，然後把籃子藏在河邊蘆葦叢裡。這孩子的姊姊遠遠地站著，要看看會有甚麼結果。

「國王的女兒到河邊來洗澡；她的宮女們在河邊散步。突然她看見蘆葦叢中有一個籃子，就叫伺候的宮女去拿來。公主打開籃子，看見一個男嬰在哭，就心生愛憐，說：這一定是希伯來人的嬰兒。

「那時候，嬰兒的姊姊走出來，對公主說：請問，要不要我去找一個希伯來女人來作他的奶媽？公主說：好啊！那女孩子就去叫嬰兒的母親來。公主對那女人說：把這嬰兒帶去，替我養他，我會給你工錢。於是那女人把嬰兒接回去撫養。

「這孩子長大後，母親把他帶到公主面前，公主正式收養他作自己的兒子。她說我從水裡把這孩子拉上來，就叫他摩西吧。」

雅威：因為希伯來語「拉上來הֶשֹׁמ」發音就是Moses，你們中文譯為摩西，天主教譯為梅瑟。

這個時候，我們又來地球了。看到埃及王死了之後，以色列人仍舊過著奴隸的生活。於是他們呼求我幫助他們脫離苦役。我聽見了他們的呻吟，記起曾與他們的祖宗亞伯拉罕、以撒、雅各立約。因此，便計畫拯救以色列人。由於摩西是我很寵愛的一個人，便安排他一個大任務。

呂尚：於是就展開了人類史上極為精彩的第三類接觸事件。

有一天，「摩西為他的岳父米甸的祭司葉特羅放羊；他領了一群羊橫跨沙漠，到了上帝的山——何烈山。在那裡，上主的天使像火焰，從荊棘中向摩西顯現。摩西看見荊棘著火，卻沒有燒毀。他想：這可怪了，為什麼荊棘不會燒毀呢？我上前去看看吧！」

雅威：「上主的天使」就是我率領的外星太空人們，他們駕駛發光的飛碟降落，因為是強光而不是真正的火焰，所以荊棘沒有被燒毀。

呂尚：您看見摩西走近，就從荊棘中喊他：「摩西！摩西！不要再走近。脫掉你的鞋子，因為你所站的地方是聖地。我是你祖宗的上帝，是亞伯拉罕、以撒、雅各的上帝。」摩西遮著臉，不敢看上帝。

雅威：這是摩西第一次和我談話。當時你們地球人不能太靠近我們發強光的飛碟，因為地球人生物能頻率還不夠高。

呂尚：您說：「我已經看見我的子民在埃及受虐待；我已經聽見他們渴望掙脫奴役的哀號。我知道他們的痛苦，所以下來要從埃及人手中把他們拯救出來，領他們到肥沃寬廣、流奶與蜜的地方：那裡是迦南人、赫人、亞摩利人、比利洗人、希未人，和耶布斯人居住的地方。」

雅威：我告訴摩西，已經看見百姓在埃及受苦，所以要下來拯救，換到一個美好的地方。然後告訴摩西去見法老，讓他可以帶領百姓以色列人從埃及出來。

呂尚：但是摩西沒有信心，對您說：「我算什麼？我怎能到埃及王那裡去，把以色列人領出來呢？」

雅威：我回答：「我要與你同在。你領以色列人出埃及後，你們要在這山上敬拜我。這就是我差遣你的憑證。」

呂尚：摩西還是沒有信心說：「當我去告訴以色列人：你們祖宗的上帝差我到這裡來，他們會問：他的名字是什麼？那時我該怎樣回答呢？」

雅威：我說：「我是創始成終的主宰。你去告訴他們：那位創始成終的主宰差我到你們這裡。你去召集以色列人的領袖，要告訴他們，我來到他們當中，已經看見埃及人怎樣對待他們。我決定要領他們出埃及。

「他們已經受夠了苦頭；我要帶他們到流奶與蜜的肥沃土地。我的子民會聽從你對他們講的話。然後你要帶以色列的領袖們去見埃及王，對他說：上主——希伯來人的上帝曾向我們顯現。現在請你准許我們走三天的路程，到曠野去，向上主——我們的上帝獻祭。我會用我的權能行各樣神蹟來懲罰埃及。最後埃及王會讓你們走。」

呂尚：可是摩西還是沒有信心，回答您：「要是以色列人不信我，不聽我的話，說你從來沒有向我顯現過，我怎麼辦呢？」於是，您就施行一些神跡，問摩西：「你手裡拿的是什麼？」他回答：「一根杖。」上主說：「把它扔在地上。」摩西把杖一扔就變成蛇；

他就逃開。上主對摩西說：「伸出手來，抓住蛇的尾巴。」摩西伸手抓住蛇的尾巴，蛇又變成杖。上主說：「這樣做就能夠向以色列人證明。」

雅威：我便利用摩西手中的棍杖變成一條蛇，又將之變回棍杖。又叫摩西將手插在懷裡，抽出就長滿癩瘡，再插入懷裡抽出來，又完好如初。這些奇蹟就是我顯的神通，目的在使摩西有信心，叫眾人聽他的話。

呂尚：但是摩西還是沒信心說：「上主啊，不，請不要差我。我一向沒有口才；你和我講話以後也沒改變。我就是這麼一個笨口笨舌的人。」

這時您對他說：「誰給人口才？誰使人耳聾口啞？誰使人看見？誰使人瞎眼？是我——上主。你就去吧，我會幫你講話；我會告訴你該講什麼。」但是，摩西回答：「不，主啊，請差別人去。」哈哈，摩西真沒膽量呀。

雅威：所以對摩西動怒，說：「你不是有一個哥哥利未人亞倫嗎？我知道他很有口才。他正出來迎接你；他一定很高興看見你。你告訴他該說什麼；我會賜你和他口才；我會教導你們該做什麼。他要作你的代言人，替你向民眾說話，而你就像上帝一般，指示他說什麼。你帶著這根杖，因為你將用它來行神蹟。」

呂尚：所以，經過多次訓練之後，摩西便積極的準備著。在與法老王見面談判時，摩西已經 80 歲了，多次顯神通給法老王看，證明您賜給他們的身份，但法老王心硬，不肯聽他們的話，釋放百姓。

雅威：於是我又指導摩西，在埃及顯現尼羅河水潑在地上變成血、血災、蛙災、蝨災、蠅災、瘟災、瘡災、雹災、蝗災、黑暗之災、所有頭胎都死等十種災害，迫使法老王放了以色列人。

呂尚：最後您「殺了埃及所有的頭胎——包括人的長子和牲畜的頭胎。」於是法老在晚間召了摩西、亞倫，告訴他們：「連你們帶以色列人，從我民中出去，依你們所說的，去事奉耶和華吧！也依你們所說的，連羊群牛群帶着走吧！並要為我祝福。」埃及人受不了了，便催促以色列人，打發他們快快出離那地。

雅威：這個晚上，我親自守護他們，引領他們出埃及；以色列人也就把這一夜作為世世代代謹守紀念的一夜。

呂尚：埃及王放以色列人走的時候，您並沒有帶他們走非利士海邊那條近路。您說：「恐怕我的子民遇見戰事而後悔，再回到埃及去。」所以您帶他們繞遠道，經過曠野，往紅海走。

接著出現很精彩的句子：「白天，上主走在他們前面，用雲柱指示方向；夜間，上主走在前面，用火柱照亮他們。這樣，他們日夜都可以趕路；白天有雲柱，夜間有火柱，一直走在他們前面。」您住在這個「白天雲柱，夜間火柱」之中，用現代話來說，不就是白天不發光、晚間發光的長型飛碟母船！

雅威：這個過程中，我確實是在空中的長型飛碟內，白天不發光，夜間發光，引領著他們。這樣就明白了這一段經文的意義了。在你們

（來源：日本宇宙研究會）

現代不少飛碟目擊事件，也可以看到雪茄形的大型飛碟，不就是「雲柱、火柱」的最佳見證。

呂尚：「埃及王聽到報告，知道以色列人已經逃走，他和他的臣僕改變了主意，說：我們做了什麼呢？我們讓以色列人逃脫，失掉了一群奴隸！於是埃及王登上戰車，召集軍隊，帶著所有的戰車出發，出來追趕以色列人。」

以色列人一看見埃及王和他的軍隊趕上他們，非常恐懼，就向上主求救。他們對摩西說：「難道我們在埃及沒有葬身的地方嗎？為甚麼把我們帶到曠野送死？你把我們領出埃及；你看，你做了甚麼好事！我們不是在離開之前就告訴你這事會發生嗎？我們告訴過你別管我們的事，讓我們在埃及作奴隸好了。作奴隸總比死在曠野強！」

摩西回答：「不要怕！要站穩。今天你們要看見上主怎樣救你們！你們再也不會看見這些埃及人了。上主要為你們作戰；你們只要鎮定。」

雅威：摩西知道我們會幫助他們作戰。

呂尚：您對摩西說：「你為甚麼向我哀求呢？你吩咐以色列人往前走就是了。舉起你的杖，向海伸去。海水會分開，以色列人就能在乾地上走過去。我要使埃及人進到海裡追趕你們。但是我要勝過埃及王，他們就知道我是上主。」

「上帝的天使原先走在以色列大隊的前頭，現在轉到後面；雲柱也轉到後面，0隔開了埃及人和以色列人。雲使埃及人陷入黑暗中，卻照明了以色列人，因此整個晚上，埃及的軍隊無法接近以色列人。」

雅威：我們的飛碟在空中忙碌著，從前頭轉飛到中間來隔開埃及人和以色列人，並利用高科技，這是你們現今地球人尚無法知道的科技，使前方發亮，後方黑暗。

呂尚：「摩西向海伸手，上主就掀起了一陣強烈的東風，把海水吹退。吹了一夜，海底變成乾地。水分開，好像兩堵牆；以色列人走在乾地上，過了海。埃及人追趕他們，連戰馬、戰車，和騎兵都進到海裡。」

這一段文字非常精彩，也是電影「出埃及記」特效的畫面，歷代以來很多聖經研究學者都在試圖詮釋「能夠吹退海水的強烈東風」到底是什麼？還有考古學家說也許當時恰巧紅海上游發生斷層，使海水落入斷層之中，在那個時間水褪去而露出海底。這實在是不負責的解釋，我就不能信服。

雅威：這個渡紅海的過程有高科技在參與，想想看，自然界有什麼風能將海水吹分開？連小溪流都無法吹開，何況是紅海！而且，縱使有強大到能把海水吹開的風，以色列人及埃及人怎麼不會被吹得東倒西歪？而且，吹了一夜，海底變成乾地，這也不是自然現象所能達成。

真相是：我們的飛碟利用二股強電流束照向海水，然後將二股電流束分兩邊擴散，使海水分開，因為海水的分開實際是電流束造成的，所以「水分開，好像兩堵牆」，否則風吹開的海水，一定呈浪狀不穩的，不會是平整的牆。此時電流束同時也烘乾了海底。這樣才能圓滑解釋經文的記錄。

呂尚：「破曉時分，上主從火柱和雲柱中觀看埃及軍隊，使他們發生混亂。他使埃及戰車的輪子陷在泥中，不能轉動。埃及人說：上主幫助以色列人攻打我們。我們趕快逃吧！」

雅威：我們各坐在發光與不發光的飛碟內觀看埃及軍隊，利用磁場使他們混亂，讓他們失去信心而跑掉。

呂尚：然後您對摩西說：「向海伸手，使水合攏，淹沒埃及人和他們的戰車、騎兵。於是摩西向海伸手；天亮的時候，水又恢復原狀。埃及人想從水裡逃命，但是上主把他們趕回海裡。海水復原，淹沒了所有追趕以色列人的戰車、騎兵，和埃及的部隊，一個也沒有存留。但是以色列人走乾地過海，水分開像兩堵牆。」

雅威：其實在這個事件中，摩西只是扮演次要角色而已。帶領以色列人逃出埃及的事實上是我們外星人。只不過，透過摩西來展現大能力而已。

呂尚：您就這樣拯救以色列人脫離埃及人的手，「那一天，上主從埃及人手裡拯救了以色列人，以色列人看見他們橫屍岸邊。當以色列人看見上主用大能擊敗了埃及人，他們敬畏上主，信賴他，也信任他的僕人摩西。」

雅威：從此，以色列人相信摩西了。

呂尚：於是摩西和以色列人民向上主歌唱，還一大段哩。

發光飛碟降落在西奈山

呂尚：您又對摩西說：「我要在密雲中降臨，來找你，使我的子民聽到我和你的談話，從此都相信你。第三天早晨，雷電交加，一朵密雲在山上出現，號角聲大響。營裡的人民聽到了都發抖。

「摩西率領他們出帳棚來朝見上帝；他們都站在山腳下。整個西奈山被籠罩在煙霧中，因為上主在火中降臨。這煙像窯裡冒出來的濃煙；全體人民猛烈顫抖。這時號角的聲音越來越響，人民聽見雷轟和號角聲音，看見閃電和山上冒出的煙，都非常害怕，遠遠地站著。」

雅威：其實很簡單，「我要在密雲中降臨」是指沒有發光的飛碟。「上主在火中降臨」是指發光的飛碟。

呂尚：號角聲越來越響，整個西奈山被籠罩在煙霧中，光芒照耀整個西奈山，盛況空前。又是一次壯觀的發光飛碟降落的場景，精彩呀！像極了電影「第三類接觸」的畫面。

「上主降臨在西奈山上，召摩西上山，摩西就上山去。上主對他說：你下去警告人民，不可超越界限來看我，否則，會有許多人死亡。就連祭司也必須先潔淨自己才能走近我，否則，我要懲罰他們。」

雅威：我降臨在西奈山上，當然要召摩西上山，對他說交待一些話，警

（來源：日本宇宙研究會）

告人民好奇不可超越界限來看我，否則，會有人死亡。

此時我的飛碟收斂了光芒，成為一艘泛著雲灰色的太空船。所以經文寫「摩西就挨近神所在的幽暗之中」。

呂尚：接下來是您指導以色列人：修築祭壇的方法、僕婢法、殺人或傷人賠償法、牲畜傷人賠償法、傷害牲畜賠償法、偷竊賠償法、託管物遺失賠償法、保障人權法、判官應有的正義、安息年與安息日的制定、節慶的制定、建聖幕的方法、立約的儀示等，這些都成為以色列立憲的史料。

雅威：我們想到不會一直住在地球，所以必須培育幹部，便叫摩西選了 70 人上山，加以訓練。

呂尚：「摩西、亞倫、拿答、亞比戶，連同七十個以色列的領袖都上山；他們看見了以色列的上帝。在他腳下，彷彿有藍寶石的鋪道，像天空一樣的藍。上帝並沒有傷害這些以色列的領袖。他們瞻望上帝；他們一起吃，一起喝。」

雅威：「藍寶石的鋪道」其實是我們飛碟內的乾淨明亮走道。我們召集七十位經過檢選的人，成為第一批進入我們飛碟內部的人類，在那裡和我們外星人們一起吃喝。以後，七十人下了山，我又叫摩西上來。

呂尚：您又對摩西說：「你上山到我這裡來。你在這裡的時候我要交給你兩塊石版，石版上面寫著我為教導我子民所寫的一切法律和誡命。

「摩西上了西奈山，有雲彩把山遮著。上主的榮耀降在山上。在以色列人民眼前，這榮耀的光輝彷彿一團烈火在山上焚燒著。雲彩遮蓋著山有六天之久，第七天上主從雲裡喊摩西。摩西上去，進到雲裡；他在那裡停留四十晝夜。」

您的發光飛碟降在山上，發光的程度就像一團烈火。

雅威：摩西是進入飛碟接受我給予的律法，因為在這以前還沒有真正規範人類行為的準則，就是著名的「十誡」。你們猶太教與基督教奉為神聖的宗教誡律。

呂尚：我注意到，您賜給摩西的律法和誡命是「兩塊石版」，真的是刻在石版上嗎？

雅威：確實是石版，因為當時地球科技不發達，我要是給了晶片，沒有電也是沒有用的，更不可能給平板電腦或手機。哈哈，你想多了。

呂尚：是的是的。「十誡」是很有名的，但有二點我不苟同。

第一：天主教的是 1. 我是你的上帝、不可信仰別神、不可拜偶像。2. 不可濫用上帝之名。3. 守安息日。4. 尊敬父母。5. 不可謀殺。6. 不可姦淫。7. 不可偷盜。8. 不可作假見證。9. 不可貪戀別人的妻子。10. 不可貪戀別人的財產。但是猶太教、新教、正教會等不同教會略有出入。

第二「不可謀殺」，可是後世中東的宗教戰爭不斷，都是信仰同一部聖經的人，怎麼如此心胸狹隘，天天打仗？

雅威：第一點，若是把「1. 我是你的上帝、不可信仰別神、不可拜偶像」，分成「我是你的上帝、不可信仰別神」及「不可拜偶像」，就變成十一誡了。所以不用拘泥多少條。至於第二點，我也沒辦法，早就回到母星，不再管理地球上的事務，而且你們地球人的複製本來就存在一些缺陷，只好放任下去，一切隨緣。

呂尚：真是遺憾，不過確實也沒有辦法，數千年來西方的宗教戰爭不斷，不知何時他們才會真正了解《聖經》的真意。或許要等這本書翻譯成英文本、法文本、德文本、西班牙文本，讓西方神學家好好反思吧，我也一切隨緣。

不過我也找到資料，大部分神學家認為十誡產生於公元前 16 至 13 世紀間，但也有人認為晚至西元前 750 年才出現，但在當時也沒有人重視，一直到公元 13 世紀，「十誡」才為基督教徒深為信奉，迄今不過 800 年，西方人都不重視，只是拿來喊喊口號，我為他們擔心什麼。

在曠野吃 40 年太空食品

呂尚：後來，「摩西領以色列人民離開了紅海，來到書珥曠野，在曠野中一連走了三天，找不到水喝。他們來到瑪拉；那裡的水是苦的，不能喝。為了這緣故，那地方才叫瑪拉。人民向摩西埋怨，問他：我們喝什麼呢？摩西懇切地在上主面前祈求；上主指給他看一塊木頭。他把木頭扔進水裡，水就成為可喝的水。」

雅威：這一塊木頭其實是水的過濾器。

呂尚：哈哈，原來如此，我還在想是什麼東西呢，水過濾器，還真合理。在這裡，您「頒給他們律例典章，並在那裡考驗他們。」

雅威：其實我沒有這麼這麼強勢，只是當時逃出來的以色列人，有數十萬人，沒有一些規範是不行的，而且他們一有不順心，就埋怨，這樣會大亂的。所以我才在那裡給他們定一些律例典章。我才說「如果你們服從我，做我認為正的事，遵守我的命令，我就不用那懲罰埃及人的疾病懲罰你們。我是醫治你們的上主。」

呂尚：沒想到不久，以色列人又抱怨了，「以色列在離開埃及後第 2 個月的 15 日，他們來到了以琳和西奈中間的汛曠野。在那曠野中，他們埋怨摩西和亞倫，對他們說：我們寧願上主在埃及把我們殺掉算了。在埃及，我們至少可以圍著肉鍋吃得飽飽的。可是你們把我們帶到曠野，要我們在這裡餓死。」

雅威：這就是埋怨，不理解事件背後重大的意義。你們很多地球人都是這樣子，也只能怪我們當時沒有依照母星的決議，把在地球上複製的人與動物統統毀滅。因為在我們複製過程中，有一些生化上的缺點沒有發現，留下了劣根性。你們宗教上稱為原罪。

呂尚：所以您只好向摩西說：「我要從天上降下食物給你們。人民每天必須出去撿當天所需的食糧。這樣，我就可以考驗他們，看他們會不會遵守我的指示。到第六天，他們必須撿兩天的食糧，準備食用。」

雅威：我們每天從空中降下一些食物，考驗以色列人會不會遵守規定，只拿自己夠吃的份量就好了。

呂尚：摩西和亞倫對以色列人說：「今晚，你們就會知道是上主把你們領出埃及的。明晨，你們要看見上主的光輝。他已經聽見你們的埋怨；是的，我們算甚麼，你們的埋怨是對他而發的。」

摩西又說：「上主要在晚上給你們肉吃，在早晨給你們充足的食物，因為他已經聽見你們對他發的怨言。你們埋怨我們，其實是埋怨上主！」

摩西對亞倫說：「去集合全體人民站在上主面前，因為他已經聽到他們的怨言。」

這個時候，您的飛碟又出現了：「當亞倫對全體人民講話的時候，他們轉頭向曠野觀望，忽然看見上主的光輝在雲端顯現。」

雅威：其實整部聖經描述的「上主的光輝」「榮耀」「榮光」等名詞，

全是我們的發光飛碟。這一點，容後面將聖經內的文字做詳細羅列。

呂尚：「清晨，露水一蒸發，在曠野的地面上有一層薄薄像霜一類的東西。以色列人看見這東西，不知道是什麼，就彼此詢問：這是什麼？摩西對他們說：這就是上主給你們的食物。上主曾經吩咐，每人各取所需，每家的每一個人只可撿取兩公升。

「以色列人把這食物叫嗎哪。它像芫荽子，白色的，吃起來像攙蜜製成的餅。摩西說：上主命令我們留下一點嗎哪給我們的子孫，好讓他們看到上主從埃及領我們出來時、在曠野中所賜給我們的食物。」以色列人就在這裡吃了 40 年的嗎哪，直到他們到迦南定居下來。

雅威：「瑪納」是什麼？你們地球人當然不知道，摩西也只知道是我賜給的食物。其實，瑪納就是我們外星人的太空食品，體積小，養分足。以色列人在西奈半島 40 年，沒有耕種，他們的食物就是瑪納，完全由我們免費供應，它是一種綜合高營養品。

呂尚：有意思，他們竟然吃了 40 年的太空食物。

聖經裡有一段大家搞不清楚的：「你製造一條火蛇，掛在杆子上，凡被咬的，一望這蛇，就必得活。」

雅威：這是我們帶來的血清治療方法，就像你們醫院裡的吊點滴，掛在杆子上的「火蛇」就是點滴筒，還有一條輸送管，「被咬」是指注射針插入血管。

呂尚：這樣一說，清清楚楚。好像到了上個世紀，人類的醫術才有這一套，真是數千年前的高科技。

上帝的太空船故障了

呂尚：在出埃及記 25 章有一段式記錄，您對摩西說的話值得探討。「你要吩咐以色列人獻禮物給我。凡樂意奉獻給我的禮物，都可以接受。我所要收的禮物是：金、銀、銅、麻紗、藍色紫色深紅色的毛線、山羊毛織的布料、染紅的公羊皮、精美的皮料、金合歡木、燈油、製作聖油和香的香料、用來鑲在大祭司的以弗得聖衣和胸牌上的紅瑪瑙和其他寶石。』」

雅威：你認為我要收這些物品是做什麼？

呂尚：您是高科技的外星人指揮官，要這些落後的地球人獻給你們這些東西，一定有某種事情發生。裡面包含金屬、各種線、動物的皮、木板、油和香料，還有寶石。我在想，這些都是修理機械的必需品，所以，我猜想，你們的太空船故障了，需要這些來修理。

雅威：完全正確，你太認真了。沒有錯，我要金、銀、銅這些金屬當然是必需的。各色的線、麻紗、山羊布是纏繞電線用的。動物的皮料是用來絕緣。油和香料是機械燃料。紅瑪瑙和寶石可以做成電晶體。當然我們有帶著各種工具，只是沒有原料而已。

呂尚：真發生太空船故障的事！有意思。最後這個「紅瑪瑙和寶石可以做成電晶體」，太精彩了，一般人或許看不出這幾個字的重要性，不僅是電晶體，現在的雷射光就是一般光線透過紅寶石來回振盪增強後產生的強光，當時你們一定也有雷射裝置吧。

雅威：當然了。不難的。你們在 50 年前也製造出雷射了。

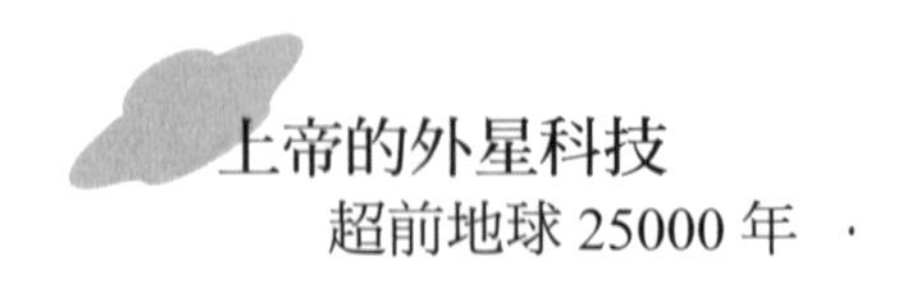

約櫃其實是高壓發電機

呂尚：這時聖經開始描述著名的「約櫃」：「要用金合歡木造櫃，櫃長一百一十公分，寬六十六公分，高六十六公分。要用純金把櫃的裡外都包裹上，周圍鑲著金邊。要鑄造四個扛抬用的金環，安在櫃的四腳上，一邊兩個。要用金合歡木做兩根槓子，用金包裹，穿過櫃兩邊的金環。這兩根槓子要經常留在環子中，不可抽出。「要用純金造一個櫃蓋，長一百一十公分，寬六十六公分。又用金子鎚出兩個基路伯，蓋的兩端各有一個，跟蓋連在一起，合成一整塊。兩個基路伯面對著面，張開翅膀，覆蓋著櫃蓋。要把那兩塊石版放在櫃裡，把蓋放在櫃上面。我要在那裡與你相會，並從櫃蓋上面，在兩個基路伯中間，把我為以色列人民訂立的法律傳給你。」

雅威：約櫃又稱「法櫃」，一般認為是古代以色列民族的聖物，「約」是指我跟以色列人所訂立的契約，而約櫃就是放置了與以色列人所立的契約的櫃子。其實呀，它是一個高壓發電機。

呂尚：上個世紀 90 年代後期，理察安德魯斯，是一個年輕的製造家具的人，就按照聖經裡的記述製造了一個約櫃的複製品。他和其他的一些人得出來一個結論，認為約櫃實質上就是一個巨大的電容器，能夠儲存電能。因為金這種金屬是最好的導電體之一，而木頭又是最好的絕緣體。經過了一系列的測試，安德魯斯證明它複製的約櫃能夠積聚和釋放電荷，那麼約櫃真的是某種原始的電容器嗎？

安德魯斯說，如果以色列人已經會製造原始的蓄電池，那他們不可能會有比約櫃更好的設計方案了。約櫃與炎熱的空氣摩擦會讓它不斷地積聚靜電，就像汽車會在熱天產生靜電一樣。電荷的力量取決於各種變量，例如濕度、溫度，還有旅程的長短、行進的速度以及旅途顛簸的程度。他認為在這種情況下，電荷的強度可以致命。

雅威：這個人研究的不錯，確實，約櫃是一個高壓發電機。

呂尚：難怪聖經上有記載，「當他們來到拿康的打麥場，拉車的牛差點絆倒了，烏撒就伸手扶住上帝的約櫃。主上帝因烏撒的冒犯發怒，擊殺他。他就死在上帝約櫃旁邊。」

雅威：拉著運載約櫃的牛車差點傾倒，烏撒好心用手去扶，經文說我就發怒把他給殺死了。我怎麼會如此不講理呢？烏撒是被高壓電死的。你們地球人不瞭解，怪罪於我，說是我擊殺他。

呂尚：我也看過一些現代人研究的資料，很多人依照聖經有關約櫃的所有記錄，重新造了一個約櫃，結果發現它就是一個高壓電裝置，如果真是這樣的一個電機設備，那麼我們就能夠瞭解為何烏撒不小心扶住約櫃就死了，並不是上帝您殺死他的，被冤枉數千年，他是被高壓電死的。

雅威：你們也認為約櫃與我耶和華的臨在有關。因為我曾經應許摩西：「我要在那裡向你顯現，從櫃蓋上，就是聖諭櫃上兩基路伯之間，把我吩咐你去傳給以色列人的一切話告訴你」，還有「我要從約櫃蓋上，在雲中顯現」，其實這是飛碟盤旋在約櫃上方的景象。

呂尚：除了約櫃式樣之外，接著聖經裡也詳細描述很多物品的做法，例如：修建聖所材料、供桌式樣、燈台式樣、帳棚的布和頂、木架、帳幔與門簾、全燔祭壇式樣、庭院式樣、燃燈規定、祭師的聖服、祭師的胸牌式樣、長袍、禮冠、司祭禮服、祝聖司祭禮式、祭獻、祭餐、香壇、銅盆、油料、香的做法等，這些都是前所未有的。甚至於造會幕的人丁稅則，一併制定。

聖幕是飛碟降落處的圍幕

呂尚：每一次以色列人安營，摩西就把帳幕張設在跟營有相當距離的地方，稱為上主的聖幕。「每一次摩西上聖幕去，人民都站在自己的帳棚口，望著摩西，等到他進入聖幕。摩西進去後，雲柱就降下來，停在聖幕門口；上主就從雲裡向摩西說話。人民一看見雲柱停在聖幕門口，各人就在自己的帳棚口俯伏下拜。每次上主和摩西面對面說話都像人和朋友談話一樣。摩西回營時，他的年輕助手——嫩的兒子約書亞留在聖幕裡。」

雅威：這個聖幕只是一個圍遮著我們飛碟下降的地方，所以摩西進去後，不發光的飛碟（雲柱）就降下來，讓以色列人都會看見我們的太空船停在聖幕門口。如此而已。

呂尚：您對摩西說：「你要鑿取兩塊石版，像從前那兩塊；我要把你摔碎了的那石版上的話寫在這兩塊版上。明天早晨，你要準備好，上西奈山，在山頂上見我。任何人都不准跟你上來；整座山不可有人，也不可有牛羊在山下吃草。」

於是摩西鑿取兩塊石版，第二天一早，他照您的吩咐把石版拿上山去。您與他們重新立約。

雅威：這是我們為了避免以色列人隨意上山，干擾我們所做的事。

呂尚：您在雲中（飛碟）降臨，與摩西站在那裡。

雅威：這個時候，我才正式告訴摩西自己的本名是 Jahve。

呂尚：這個時候，以色列人看見摩西上去 40 天，遲遲沒有下山，便將婦女的所有金耳環收集起來，熔了之後倒在模型裡鑄成一頭金牛，開始祭拜起來，並大吃大喝，狂歡作樂。

雅威：我知道了之後大怒，便想滅絕他們，但是摩西求我息怒。然後下山，當他走近營地的時候，看見了金牛像和跳舞的人群，也禁不住大怒，就在山腳把帶來的新的兩塊石版摔在地上，摔碎了。又把人民鑄造的牛拿過來，熔化了，磨成粉末，撒在水上，然後叫以色列人喝。

呂尚：「摩西對百姓說：你們犯了大罪。我如今要上耶和華那裡去，或者可以為你們贖罪。」摩西再度上山，到您那裡去，說百姓犯了大罪，為自己作了金像。請您赦免他們的罪，不然從子民的名冊上除掉他的名字。

雅威：我回答：「誰得罪我，我就從我的冊上塗抹誰的名。現在你去領這百姓，往我所告訴你的地方去，我的使者必在你前面引路；只是到我追討的日子，我必追討他們的罪。」

呂尚：經過一番教訓，以色列人總算知曉過錯。他們搭了一個和您見面的聖幕，凡對您有所求問的人都可以到那裡去。

「摩西帶著十誡的法版從西奈山下來的時候，臉上發光，因為他跟上主說過話；但他自己不知道。亞倫跟以色列人民看見摩西臉上的光輝，不敢靠近他。摩西叫他們過來；亞倫和全體會眾的領祂們上前，摩西就跟他們說話。

「隨後以色列人民都來到摩西面前，摩西就把上主在西奈山交給他的法律傳達給人民。摩西跟他們說完話，拿帕子蒙自己的臉。每次摩西進入聖幕跟上主說話，都把帕子除下，出來的時候就把上主所吩咐的話告訴以色列人民。他們總看見他臉上發光；過後摩西再用帕子蒙面，等下次進去跟上主說話再揭開。」

雅威：摩西臉上發光，是因為與我們相處，身體得到能量的灌輸。不過以色列人不瞭解，所以摩西只好都用帕子蒙臉。

呂尚：接著聖經記錄摩西對全體以色列會眾交待，要向您奉獻禮物，包括金、銀、銅；麻紗；藍色、紫色、深紅色的毛線；山羊毛織的布料；染紅的公羊皮；精美的皮料；金合歡木；燈油；製作聖油和香的香料；用來鑲在大祭司的以弗得聖衣和胸牌上的紅瑪瑙和其他寶石等等。我不懂為何您們需要這些物品？

雅威：事實上，這些物品是做為維修太空船的原材料，就是要一些金屬、皮革、木材、黏著劑等，以色列人民一一照摩西交待的做了。維修太空船的一切物品足夠了。摩西也視察各項工程，看他們所做的完全遵照我的命令，摩西就祝福他們。

呂尚：接著聖經又記載您教導以色列人一些行事準則及製造物品的方法，包括聖幕、約櫃、供桌、供餅、燈檯、燈油、香壇、聖香、門簾、祭壇、盆座、帷幔、門簾、栓子和繩子等等。

飛碟降落處的「會幕」很重要，所以聖經描述比較多，您們太空人從摩西領去了以色列人民為建造聖幕所奉獻的一切禮物。可是每天早上，人民繼續帶來禮物，交給摩西。因此，那些負責建造的技工停止他們的工作，告訴摩西人民所獻的禮物已經超過了您吩咐建造的工程所需要的。

雅威：「於是摩西傳令全營，叫人民不必再為聖幕奉獻。因為所收到的禮物已夠完成全部工程而有餘。」也就是說，維修太空船的一切物品足夠了。摩西視察各項工程，看他們所做的完全遵照命令，摩西就祝福他們。

呂尚：「那時候，雲彩籠罩聖幕，上主的榮耀充滿了聖幕。摩西不能進入聖幕；因為雲彩停在聖幕上，上主的榮耀充滿幕內。每逢雲彩從聖幕升上去，以色列人就拔營上路。雲彩一停住，他們就安營不動。在他們全部的旅程中，白天，他們看見上主的雲彩在聖幕上，夜間，看見雲中有火燃燒著。」

雅威：由此可以看出，我們的發光飛碟（雲彩）經常和以色列人在一起。

呂尚：到了這裡就是〈出埃及記〉的結束了，由上文可以看出你們的發光飛碟經常和以色列人在一起。當飛碟從降落處（聖幕）上飛，以色列人就起程，發光的飛碟停住，他們就紮營。不管是白天或晚間，你們外星人總在照顧以色列人，天天在飛碟中為以色列人處理事情。也蠻辛苦的。

民數記裡數不盡的飛碟記錄

舊約的前五卷為〈創世記〉、〈出埃圾記〉、〈利未記〉、〈民數記〉、〈申命記〉，通稱《摩西五書》，根據神學考證都是摩西一個人所記錄的。在他死後，許多人增補了許多法律和歷史，使《摩西五書》成為以色列人的宗教、政治、社會生活的法典，其重要性可知了。

雅威：〈利未記〉詳細敘述司祭的職務和祭祀禮儀法規，這些都是出自「十誡」的法律，而隨時代變遷而修正。它包括了全燔祭、毒祭、和平祭、贖罪祭、特殊贖罪祭、贖過祭，並制定司祭禮、司祭就職儀式。

另外，提示祭牲不可吃的部份、潔與不潔的分類標準，還有各種疾病如瘡節、癲病、生瘡、火傷、癬疥、禿瘡等的療法。當然還有聖潔的法律、宗教和道德的各種規條、節日制定。

呂尚：所以一切都寫著「上主從會幕中呼叫摩西」、「上主對摩西說」、「上主曉諭摩西說」，其實就是您們帶到地球的的一些規條，用來指導地球人的。它上接出埃及記，可以看出有些法律是摩西制定的，有些是後世增補的。

雅威：「民數記」又稱戶籍記，記載戶口調查和士兵登記的事。敘述以色列人由西奈山起程，在摩西領導下 40 年在曠野中所經歷的重要大事，以及一些祭獻法律。也包括以色列的第一次人口普查。

〈民數記〉的中心思想是在說明我們和以色列人雙方對盟約的態度，根據盟約，我們必須要以恩寵和德能照顧他們，可是以色列人經常執迷不悟，不知悔改，因此我罰他們在曠野中漂泊 40 年之久，一直等到那一代人全都死於曠野為止。此時我們仍然和以色列人在一起，所以「民數記」裡頭有很多太空船的記錄。

呂尚：難怪〈民數記〉裡頭有很多不明飛行物的記錄，如：

立起帳幕的那日，有雲彩遮蓋帳幕……

從晚上到早晨，雲彩在其上，形狀如火。

常是這樣，雲彩遮蓋帳幕，夜間形狀如火。

雲彩幾時從帳幕升上去，以色列人就幾時起行；雲彩在那裡停住，以色列人就在那裡安營。

當雲彩停在聖幕上面很長一段時間，他們聽從了上主的命令，沒有移動。

有時雲彩在帳幕上幾天，他們就照耶和華的吩咐住營，也照耶和華的吩咐起行。

有時雲彩停留的時間只有一夜，早晨就上升了。它一上升，他們就啟程。

雲彩停留在帳幕上……只要雲彩停在聖幕上面，以色列人就住營不起行；但雲彩升上去，他們就起行。

雲彩從法櫃的帳幕升上去。於是以色列人開始他們的旅程，離開西乃曠野。

雲彩來到巴蘭曠野，停在那裏。

他們拔營往前行，日間有耶和華的雲彩在他們上頭。

耶和華在雲中降臨，對摩西說話，把降與他身上的靈分賜那七十個長老。

靈停在他們身上的時候，他們就受感說話，以後卻沒有再說。

耶和華在雲柱中降臨，站在會幕門口，召亞倫和米利暗，二人就出來了。

你的雲彩停在我們上面的時候，你清楚向我們顯現。白天，你在雲柱裏領我們；晚上，你在火柱裏引導我們。

可拉招聚全會眾到會幕門前，要攻擊摩西、亞倫；耶和華的榮光就向全會眾顯現。

會眾聚集攻擊摩西、亞倫的時候，向會幕觀看，不料，有雲彩遮蓋了，耶和華的榮光顯現。

實在太多太多了，可見舊約就是你們外星人駕著飛碟來地球的所作所為。

雅威：這些都是〈民數記〉裡用「雲彩」來描述的不發光飛碟。還有用「火柱」「榮光」來描述的飛碟，實在是不勝枚舉。

呂尚：用「榮光」描述的文字：

突然間，人民看見了上主的榮光出現在聖幕上面。

忽然，耶和華的榮光在會幕中向以色列眾人顯現。

第二天，全體會眾埋怨摩西和亞倫說：「你們殺了神的子民。」

他們聚集向摩西和亞倫抗議以後，轉向聖幕。他們看見雲彩籠罩著聖幕；神的榮光出現了。

摩西和亞倫離開會眾，站在聖幕門口。他們俯伏在地上；耶和華的榮光向他們顯現。

唉呀，不想再列舉了，手都痲了。

雅威：《摩西五書》最後一篇是〈申命記〉，意思是「重申前命」，因為內容是摩西把在西奈山所立的法律，重新再給以色列人詳細說一遍。也可以稱為「摩西的語錄」，裡面訂了很多條例。

呂尚：也有提到不少「火柱」「雲柱」「火焰」「烈火」。

「摩西和約書亞來到聖幕。有雲柱停在聖幕門口，上主在雲柱中向他們顯現」，「上主從火焰中向你們說話，你們只聽見他說話的聲音，卻看不見他的形象」，「你們要親眼看見上主——你們的上帝，像熾烈的火焰一般走在你們前面」，「夜間在火柱裡，日間在雲柱裡，指示你們所當行的路」，「山上有火焰沖天，並有昏黑、密雲、幽暗。上主在會幕裡雲柱中顯現，雲柱停在會幕門以上。」

雅威：〈申命記〉是舊約之中很重要而且對以色列人生活極有影響的書，從教義方面來說是一部很接近新約思想的書。

呂尚：「上主對摩西說：你不久要離開人世。你叫約書亞到聖幕來，我要給他任務。摩西和約書亞來到聖幕。有雲柱停在聖幕門口，上主在雲柱中向他們顯現。」

您對摩西說：「你快要離開人世了；你死後，人民將對我不忠，違背我和他們立的約，離棄我，去拜他們將進入那地的神明。那時，我要對他們發怒，丟棄他們，不理他們；他們要被消滅。許多災難要臨到他們身上。」

「於是，上主的僕人摩西死在摩押地，正如上主所說的。上主把他埋在伯比珥城對面的摩押山谷；直到今天，沒有人知道他埋葬的地方。」

雅威：摩西死的時候「仍然強健，視力很好」，你們地球人有沒有想過，這不是很奇怪嗎？ 120 歲的人了。另外「沒有人知道他埋葬的地方」，這不是又是一樁很奇怪的事嗎？其實經文記錄的不正確，摩西是我帶他去到我們的星球居住的。

呂尚：難怪經文寫著「以色列中從沒有像摩西那樣的先知；上主曾經面對面和他說話。 從沒有先知能夠行上主差派摩西對付埃及王、他的臣僕，和埃及全國時所行的神蹟奇事；也從沒有先知能夠行摩西在全以色列人民面前所行偉大驚人的事。」

雅威：是的，摩西後來不在地球上，仍然強健，視力很好，怎麼會死呢？他呀，還在我們的母星，多次複製，仍然是強健的樣子。

呂尚：那摩西不想回來地球看看？

雅威：已經過了幾千年了，他回來做什麼？若是回來，只會顛覆基督宗教教會，教徒不好受呀！

呂尚：是的，是的。

約書亞記錄超音波轟城的方法

雅威：摩西死後是約書亞的時代，從此以後，我們不再直接行使訓示，往後的日子，就讓地球人獨立自主。

呂尚：「上主的僕人摩西死後，上主對摩西的助手——嫩的兒子約書亞說：我的僕人摩西死了。現在你要準備帶領所有的以色列人過約旦河，到我要賜給他們的土地去。照著我應許摩西的，你們走過的地方，我都要賜給你們。」

所以〈約書亞書〉記述第二位偉大的領袖和英雄約書亞的豐功偉業，敘述他如何完成摩西託付他的使命，率領以色列人占領迦南地，征服當地各民族，然後按您們的指示，劃分屬地。

雅威：摩西死後，我對約書亞說：「你們的疆界要從南邊的沙漠伸展到北邊的黎巴嫩山脈，從東邊的幼發拉底河，經過赫人的國土，到西邊的地中海。約書亞啊，在你有生之日，沒有人能打敗你。我要與你同在，像我與摩西同在一樣。我絕不撇下你，也不離棄你。」

呂尚：這片土地就是今日以色列地方。以色列人從埃及渡紅海來到曠野時，是您們的飛碟（雲柱、火柱、雲彩、榮光）在引導他們。但這一次，從曠野渡約旦河來到應許地，卻是約櫃在前面率領。

「祭司們抬著約櫃走在他們前頭。祭司們腳一入水，河水就停止流動，上游的水在撒拉旦附近的亞當城匯集成一道水堤，下游流進死海的水完全被切斷。於是民眾都從耶利哥對岸附近過去。當以色列民眾走過沒有水的河床時，祭司們抬著上主的約櫃，站立在約旦河中間的乾地上，等所有的人民都過去。」

雅威：約櫃是受坐在飛碟內我們所搖控，在約旦河邊時，我們使它發出極強的超音波束來阻隔住河水，約但河的水就乾了，而這超音波束並不會對人體產生效應。它也是帶極強電流的裝置，所以才會電死烏撒。

呂尚：約書亞吩咐人民說：「你們看見利未支族的祭司們抬著你們上帝的約櫃前進時，你們要拔營，跟他們前進。他們會在前頭領路。但是你們不要靠近約櫃，要跟在約櫃後面，保持約一公里路的距離。」然後他吩咐祭司們要抬起約櫃，走在人民前頭。他們一一照辦了。

雅威：這次以色列人渡過約旦河的情景，與摩西帶領以色列人渡紅海的情景很相似吧。這一次將水分開停止的是「約櫃（法櫃）」。最後以色列人終於來到耶利哥城外，透過我所教的方法佔領此城。不久以色列人來到吉甲，從此以後，他們定居在應許的迦南地，不再享用我們免費提供的太空食物，改吃地上的出產物，從此人類身體攝取養分的方式也改變了，人體變得容易受到細菌的影響而生病。

呂尚：最後以色列人終於來到耶利哥城外，您對約書亞說：「我已經把耶利哥城，連同它的王和勇士們，都交在你手裡了。你要率領軍隊，每天繞著城走一周，連續六天。你要派七個祭司，各拿著羊角做的號角，走在約櫃前頭。到第七天，你要率領軍隊繞城七周，而那七個祭司要吹著號角。然後他們要吹一聲長號；你們一聽到長號，都要大聲吶喊，城牆就會倒塌。那時，全軍要往城裡直衝。」

於是，祭司們開始吹號，人民一聽見就大聲吶喊，城牆隨著倒塌了。全軍往前直沖，佔領了這座城。

雅威：事實上這是使用超音波轟城的方法。然後他們來到耶路撒冷，和五城聯盟作戰。

呂尚：「主使以色列人戰勝亞摩利人。那一天，約書亞在以色列人面前向上主禱告：太陽啊，停在基遍上空；月亮啊，止在亞雅崙谷。太陽就停住，月亮也不動，一直到以色列打敗仇敵。這件事記載在雅煞珥書上。太陽停在天空，整天沒有下去。」太陽月亮怎麼會同時出現，而且停在空中一天？絕對不是平日的太陽月亮。

雅威：那麼宗教神學家們如何解釋？

呂尚：有些神學家解釋為天主使太陽光特別反映在地平線之上，使戰場上的人看了好似太陽還在照耀一樣。但是自然界的月亮絕不會在白天和太陽一樣並照大地。

雅威：神學家的解釋不對。此處的「太陽、月亮」是我們發光程度不同的二艘飛碟。我們把經文改為「發強光的停在基遍上空；另一架發微光的停在亞雅侖谷」，就一清二楚了。

呂尚：以色列人經過多年的爭戰，占領了許多地方，然後開始劃分應許地。〈約書亞書〉後半都是記載以色列人占領區及十二支派分布的區域。

士師記的火焰車和火馬也是飛碟

雅威：〈士師記〉又叫〈民長記〉，是記述以色列人在約書亞享年 110 歲後，大約在西元前 1200 至 1050 年間的大事。

呂尚：「民長」按希伯來文原意是指「拯救者」或「管理者」。這一卷紀錄著 12 位支派統治者的生平事蹟。當時各自為政，彼此間只有同盟關係，未組成正式國家。

雅威：自從以色列人進入迦南後，散居各地，很快就受到當時多神教的影響而崇拜偶像，道德也墮落。為此我們不得不懲罰他們。因此整個民長時代，以色列人並沒有長時期的平安。

大約到了西元前 970 年，所羅門王登基，使以色列眾支派成為一個統一國家，使人民安居樂業，達到前所未有的太平盛世，可惜所羅門王晚年沉迷女色，膜拜外教邪神，也受我們懲罰，大好江山裂成南北二國，北國以色列於西元前 721 年滅亡，南國猶大於西元前 587 年亡於巴比倫。

在此期間，我們比較不常出現，所以只能看到一些零星記載。

呂尚：從經文記錄就可以看出以色列人並沒有長時期的平安。

「於是上主向以色列發怒……他們無論往何處去，上主都以災禍攻擊他們……上主使西西拉和他一切車輛全軍潰亂……上主的靈大大感動參孫……上主的火從天降下……忽然，一輛火馬拉著的火焰車來到他們中間，以利亞在一陣旋風中被接到天上去了。……上主聽了以利亞的祈求。以利亞的僕人往上一看，看見山邊佈滿了火焰車和火馬，圍繞著以利亞」等等。

雅威：這裏的「火焰車和火馬」就是發光飛碟，「上主的火從天降下」就是我的發光飛碟，「以利亞在一陣旋風中被接到天上去了」是說用光束吸力將以利亞吸上去，我也時常在發光的飛碟裡巡視，有一次強榮光充滿了我的殿，導致祭司不能進殿，甚至不能站立供職繼續主持禮拜，因為我的發光飛碟充滿了殿。而在祭司們離開聖殿的時候，又忽然有雲彩充滿聖殿。

呂尚：如同今日我們在科幻電影中看到的一樣。這景象就與現代一些描述相同，有人被盤旋在低空的飛碟吸了上去。原來聖經中早就有了。

以利户與約伯在探究飛碟原型

雅威：當時的人實在不知道我們的飛行器是什麼，在〈約伯記〉中有一段非常精彩的探索。

呂尚：就是以利戶問約伯的這一段，和合本聖經的句子確實很精彩：

「誰能明白上帝怎樣使雲彩移動？

「誰能明白他怎樣從他的居所使雷電橫掃天空？

「它們隨著上帝的指揮旋轉；

「它們照著上帝的命令巡遊全世界。

「你知道上帝奇異的作為，怎樣使雲彩在空中浮動嗎？

「你能協助上帝鋪開穹蒼，使它堅硬如發亮的銅鏡嗎？」

看這些記錄，把一些字眼變動一下，意思就太明顯了：誰能明白上帝怎樣使飛碟移動？誰能明白他怎樣從飛碟使雷電橫掃天空？飛碟隨著上帝的指揮旋轉；飛碟照著上帝的命令巡遊全世界。你知道上帝奇異的作為，怎樣使飛碟在空中浮動嗎？你能協助上帝鋪開穹蒼，使飛碟堅硬如發亮的銅鏡嗎？

完全是紮紮實實的句子。

雅威：這樣就非常具體明白了，他們也知道飛碟是隨著我們的指揮旋轉的，而且照著我們的命令巡遊全世界，也明確描述飛碟看起來是堅硬如發亮的銅鏡。

所有的記錄已經清楚說明，這些各式各樣的「雲彩、榮光」等等，統統是我們的太空飛行器。

呂尚：唉，神學家們統統忽略這些他們無法解釋的句子。又加上現在的《聖經》是被康斯坦丁大帝為了統治而刪改過，也經教會為了信仰一神而修改過，根本不是原始聖經了。

以賽亞與耶利米如此成為先知

雅威：以色列民族史上最著名的先知以賽亞被我們呼召之前，我們仍然經常照顧著以色列人。西元前765年，以賽亞出生於耶路撒冷，他在烏西雅王駕崩那一年，25歲時在聖殿中與我見面，領悟到我們外星人的偉大，之後便執行先知的任務共40年。因此在〈以賽亞書〉裡頭也有一些「雲彩、榮耀」的記錄。

呂尚：「那時，在錫安山上，在大家聚集的地方，上主在白天要用雲彩遮蓋他們，在夜晚，要用煙火照耀他們。」

雅威：這與「白天雲柱、夜間火柱」一樣。

呂尚：「上帝的榮耀將遮蓋保護全城；他的榮耀像帳棚的頂蓋，張開起來能擋住白天的炎熱，使這城成為避難所，躲避狂風暴雨。」

雅威：我們坐在最大型的飛碟內，飛碟發著光，懸停在聖殿上頭，擋住強烈的陽光，也讓人民躲避狂風暴雨。

呂尚：有關埃及的信息，第一句就是「上主駕著快速的雲朵到埃及來。」

雅威：不用再解釋了吧。

呂尚：是的，改為「上主駕著快速的飛碟到埃及來」就是了。

以賽亞說：「烏西雅王逝世的那一年，我見到了主；他高高地坐在寶座上。在他周圍有天使撒拉弗侍立，每一個都有六個翅膀：兩個遮臉，兩個遮體，兩個飛翔……」

上帝的寶座。（來源：台北和平教會）

雅威：這是描述我坐在最大型的飛碟內，發著光懸停在聖殿上頭。然後，兩位太空人飛出來，他們背著有六片螺旋槳的小型飛行器。

呂尚：「有一個六翼天使向我飛來，拿著一把火鉗，夾住祭壇上燃燒著的炭，他把那炭碰我（以賽亞）的嘴唇，說：『這塊紅炭碰了你的嘴唇，你的過犯都消除了；你的罪被赦免了。』」

雅威：其中一位飛向以賽亞，拿出紅色的記憶消除器，將以賽亞腦袋中一些不良的記憶消除掉，使他成為純淨的人，準備擔任我們代言者的角色，你們稱為「先知」。

到了西元前 645 年左右，另一位先知耶利米誕生于耶路撒冷北方小城，他日後也成為四大先知之一年。

呂尚：耶利米是這樣成為先知的，「上主伸手摸我的嘴唇，對我說：你看，我把你該說的話放在你口中。我今天授權給你；你要向萬國萬民做根除、拆毀、破壞、推翻、重建，和種植的工作。」

雅威：我將過去的一切詳細地注入耶利米的腦內 IC 晶片裡，讓他能夠知道日後該怎麼說。所以耶利米也預見了將來的毀滅景象。

呂尚：於是耶利米也預見了將來的毀滅，「我俯視大地，一片荒涼；我仰望天空，黑暗無光。我眺望大山，觀看小山；大山震動，小山搖擺。

「我看不見人影；連鳥兒也都飛走。良田變成荒野；城市有如土堆，因為耶和華傾下他的烈怒。

「上主說過，全地要荒蕪，但他不徹底加以毀滅。大地要哀鳴，天空轉黑。上主說出的話絕不改變；他的決定絕不更改。

「城民一聽見騎兵和箭手的吶喊，個個都要拚命逃難；有的逃進森林，有的躲入岩穴。人去，城空！耶路撒冷啊，你完了！」

雅威：從這之後，以色列人來到應許地之後數百年間，我們回到自己的星球，比較沒有參與你們人類的發展，僅在各世代中選擇一些人物與之溝通而已。

呂尚：耶利米所見的景象，似乎，現在的地球正面臨如此的場景。人類要何去何從呀？

以西結與上帝太空船的直接接觸

呂尚：公元前597年，司祭布西的兒子以西結和所有的貴族、壯丁等，一同被擄往巴比倫，住在幼發拉底河支流迦巴魯河畔充軍，5年後，他看到了也是聖經內容中最壯觀的太空船降落記錄。這也是一個大啟示的事件。聖經是這樣寫的：「第30年4月初5，我（以西結）跟流亡的猶太人住在巴比倫的迦巴魯河邊。那時天開了，我看見上帝的異象。」

雅威：以西結得到我們的寵愛，所以讓他看到了壯觀的太空船景象，「上帝的異象」，好使他成為充軍地的先知。

呂尚：「我觀望，看見暴風從北方颳來；有閃電從一堆雲層裡閃出，雲層四周非常光亮，好像銅一般發亮。」

雅威：這個是一個大啟示事件的開始。這一段描述閃爍發光的大飛碟從雲層中破空而出，在發光的飛碟影像裡，可以看出那是金屬造的物件。

呂尚：這一段描述發光飛碟從雲層中破空而出，精采絕倫，而且絲毫沒有疑慮的直接點出那是金屬造的物件，有什麼比這更明確呢？

接著「看見暴風中央有四個活物：他們形狀像人，但是各有四張臉，四隻翅膀。他們的腿筆直，腳蹄像牛蹄，都像擦亮了的銅發光。除了各有四張臉，四隻翅膀，他們還有四隻人的手，各在每

（來源：https://www.pinterest.com/pin/435160382721686789/）

隻翅膀下面。各活物都向外伸出一對翅膀，彼此連接，成四方形，移動的時候一起移動，不必轉身。」

雅威：「四個活物」其實是四個螺旋槳著陸器，形狀是長的，貼地的一端是寬的圓盤，發亮似銅的金屬做的，「翅膀，彼此連接，成四方形」指的是同軸的螺旋槳，有四個葉片。當它移動時，只要轉動貼地輪即可，所以說「不必轉身」。

呂尚：「四個活物中間有東西像燃燒著的火炭，像火炬不斷地移動；火炬冒出火焰，發出閃光。活物前後飛奔，像閃電一樣快。」

雅威：這是指四個著陸器中央的太空船噴氣口，為了緩衝降落的引力，噴著火焰和氣體。這些著陸器移動速度很快。

呂尚：「看見各活物的邊上都有一個輪子觸地。四個輪子的形狀相同，都像寶石閃閃發光。每一個輪子邊上另有一個輪子，彼此直角相切；這樣，四個輪子能夠向任何方向移動，不必轉身。」

雅威：以西結走近觀看，看到螺旋槳下方有輪子著地，金屬反射著噴口的火焰，閃閃發光，輪子的結構相當複雜，它們不需要轉向就能往新方向走，那是因為輪子不只一個，每個輪子都另有一個成九十度交叉的輪子。這是很精彩的設計，方便在陸地上行走。

呂尚：「四個活物移動，四個輪子隨著移動；活物離開地面，輪子隨著離開地面。活物要到哪裡，輪子就往那裡，因為活物控制著輪子。活物行走，輪子也轉動；活物站住，輪子也停住；活物由地上升起，輪子也隨之升起，因為活物的神力在輪子內。因此，每當活物移動，停止，或離開地面，輪子就跟著移動，停止，或離開地面。」

雅威：這一段是描述以西結看到我們的飛行器在地面上行走及起飛的樣子。

呂尚：「四個活物頭上有東西像是用耀眼的水晶做的圓頂。在圓頂下面站著這四個活物；他們各伸出一對翅膀，跟鄰近的翅膀連接，又有另一對翅膀遮蓋自己的身體。

「我聽見他們飛翔時翅膀所發出的聲音；那聲音好像大海在澎

湃，也像大軍在吶喊，又像全能上帝的聲音。他們停止飛翔就把翅膀摺起來，但是仍然有響聲從他們頭上的圓頂傳來。」

雅威：這是描述四個螺旋槳的支架連著上方的金屬飛碟，頂部是透明水晶做的罩子。螺旋槳沒有發動時，就垂下來，像翅膀遮蓋自己的身體。這些螺旋槳旋轉時就發出像是大海澎湃的聲音，若是飛碟停止下來，便把螺旋槳折起來，上方仍然發出飛碟動力的聲音。

呂尚：「圓頂上面有一座像是用藍寶石造的寶座；上面坐著的彷彿是人。我看見他的腰部以上好像是擦亮了的銅，裡外都好像是火；他的腰部以下像火，四圍都發光。這光彩跟彩虹一樣。這就是顯明上主臨在的光輝。」

雅威：圓頂就是飛碟頂端凸起的部分，有著藍色的玻璃舷窗，可以看到裡面坐的外星人。以西結看到我們太空人的腰部配戴著不同顏色的儀板，儀板上的小燈發著不同顏色的光。

呂尚：「我一看見這景象就俯伏在地上。接著聽見一個聲音對我說：人子哪，站起來！我要對你說話。這聲音講話的時候，上帝的靈進入我裡面，把我扶起來。」

雅威：以西結見到我們的巨型飛碟，而我當時坐在裡頭用擴音機向以西結說話，並且用輸送意識的方法進入以西結身體裡，事實上這是一種超能力，可以控制人的行為，科技極發達的我們早已會運用自然界的各種力。

呂尚：「必朽的人哪，你要留心聽我告訴你的話；不可像他們一樣叛逆。

你要開口，把我要給你的東西吃下去。於是我看見一隻手向我伸過來，手上拿著一軸書卷。他打開書卷；我看見書卷的正反面都寫著字，上面所寫的是哀悼、歎息，和悲痛的話。

「上帝說：必朽的人哪，吃下這書卷，然後去向以色列人說話。於是我張開口；他把那書卷給我，說：必朽的人哪，把我給你的這書卷吃下，填滿你的肚子。我就吃了；這書卷像蜜一樣甜。」

雅威：其實這是一種「知識速食法」，書卷就類似你們的圓卷型蛋糕，吃下去，就能擁有很多知識與智慧，不必經過長時間的學習，如同你們科學家也在研究的知識丸。

呂尚：確實，地球現在的科學也是可以做到了。接著「上帝的靈把我舉起來，我就聽見在我背後有隆隆的聲音說：要頌讚天上上主的榮耀！我又聽見那四個活物在空中飛翔、翅膀相碰的聲音，也聽見輪子轉動、像地震發出的巨響。

「上主的能力大大地充滿我；他的靈把我提走的時候，我覺得既難受又氣憤。於是，我來到迦巴魯河邊的提勒亞筆，就是流亡同胞住的地方。我在那裡停留七天，為了所看到和所聽見的事不知所措。」

雅威：這是描述我們的飛碟載著以西結起飛的情景。

螺旋槳的聲音，輪子轉動的聲音，飛碟的大響聲，以及人體在加速度狀況下，心臟負荷的難受，都被以西結實實在在的記錄下來。那時他當然不懂人在加速時身體所受的G力，認為是上主的能力充滿。後來飛碟把他帶到提勒亞筆。後來，以西結成為我們的傳訊人。

呂尚：「我感到上主的能力大大地充滿我，並且聽見他對我說：起來，到山谷去，我要在那裡向你說話。於是，我到山谷去，在那裡看到了上主的榮耀，跟我在迦巴魯河邊所看到的一樣。我俯伏在地上；上帝的靈進入我裡面，把我扶起來。」

雅威：此時他在平原看到停了一架降落停著的發光飛碟，形狀和在迦巴魯河邊見過的一樣。而我施用的超能力，再度使他站起來。經過這些經驗之後，我傳授他許多儀式以及要遵守的事，包括猶大和耶路撒冷的滅亡，以及戰爭的慘狀。

呂尚：過了 5 年，以西結又遇您們的飛碟，這是他的第二次接觸實錄。

「我們流亡的第 6 年 6 月初 5，從猶大流亡來的長老們到我家來看我。至高上主的能力突然臨到我。我往上一看，看見一個彷彿是人的形象；他的身體腰部以下像火，腰部以上像擦亮了的銅發光。他伸出一隻像手的東西，抓住我的頭髮。接著，在異象中，上帝的靈把我提升到空中，帶我到耶路撒冷。在那裡，我看見以色列上帝的榮耀，正像我在迦巴魯河邊所見到的一樣。」

雅威：此時我又利用機械手抓住他的頭髮，把以西結帶離地面，來到耶路撒冷，他又看到了一架和在迦巴魯河邊所見到的一樣的飛碟。此後，我們不停灌輸有關不要拜神像、如何懲罰恐嚇、如何擊殺無記號者等方法。

呂尚：又是一堆雲彩、榮耀、機器人基路伯的描述，真不想再引述了：

「他進去的時候，基路伯站在聖殿的南面，有雲彩充滿內院。上主的榮耀離開基路伯；接著有雲彩充滿聖殿。上主的榮耀發出的光輝照耀著整個院子。

「上主的榮耀離開聖殿的進口處，

「上主的榮耀在他們上面。

「基路伯起飛，輪子隨著他們；

「以色列上帝的榮耀在他們上面。上主的榮耀上升，離開了城。」

雅威：〈以西結書〉是聖經中描述我們的飛碟最具體的篇章。當然會有很多發光的物體的描述，其實，到了這裡，根本不用再議論聖經的真相了，不是嗎？

呂尚：真是如此，令人耳目重開。多年來，我也查詢過，很多外國專家也在研究以西結書，他們一致同意，就是不明飛行物事件，也有不多外國人出版過此方面的書，這已不需討論了。

基路伯就是機器人

呂尚：接著有比較長的文字來描述基路伯。「我抬頭看基路伯頭上的圓頂，上面有一座好像是用藍寶石造的寶座。上帝對那穿麻紗衣裳的說：你進去，從基路伯下面的輪子當中用手捧出燃燒著的炭，然後把炭撒在全城。他進去的時候，基路伯站在聖殿的南面，有雲彩充滿內院。」

雅威：前面已經詮釋過「基路伯」其實就是「機器人」，因此換用機器人三字來讀這些經文，意義就很明白了。

呂尚：「上主的榮耀發出的光輝照耀著整個院子。基路伯的翅膀發出的聲音在外院都可聽到；那聲音正像全能上帝說話的聲音。」

雅威：機器人的翅膀發出的聲音在外院都可聽到，轟隆轟隆的，機器人當然也設計有雙手，不稀奇。每一個機器人旁邊都有一個像寶石一樣閃耀發光的輪子，每一個輪子邊上另有一個輪子，彼此直角相切。

機器人能夠直接向任何方向移動，不必轉身。他們展開翅膀飛翔，輪子照樣隨著他們。他們停下來，輪子也停下來。這是記錄機械人站在聖殿中，飛碟在他們之間起飛，懸停在不高的空中，其光芒照耀全殿。

呂尚：「我正在看的時候，他們展開了翅膀，飛離地面；輪子都隨著他們。

他們停在聖殿的東門，上主的榮耀在他們上面。我認出他們是我在迦巴魯河邊所看見的一模一樣，在以色列上帝下面的活物。」

雅威：這是以西結再度詳細描述飛碟四個降落架的形狀的文字，它們的構造和在迦巴魯河邊所見到的一樣。並且描述機械人和飛碟相繼飛起的情景。

呂尚：「基路伯行走，輪也在旁邊行走。基路伯展開翅膀，離地上升，輪也不轉離他們旁邊。那些站住，這些也站住；那些上升，這些也一同上升，因為活物的靈在輪中。

雅威：「活物的靈」就是機械設備。當時機械人和飛碟飛來飛去，以西結被我們帶到巴比倫，之後便對流亡的同胞講述一切。

呂尚：「上主的榮耀從殿的門檻那裡出去，停在基路伯以上。基路伯出去的時候，就展開翅膀，在我眼前離地上升。」

雅威：以上是描述機器人和飛碟飛行的狀況。先知以西結是唯一將我們的飛行物做詳細記錄的人，也是曾經被我們帶進飛碟內，飛行到其它地方的先知，所以他的記錄非常詳實。

呂尚：「靈將我舉起，帶到上主殿向東的東門。於是，基路伯展開翅膀，輪子都在他們旁邊；在他們以上有以色列神的榮耀。上主的榮耀從城中上升，停在城東的那座山上。

「靈將我舉起，在異象中借著上主的靈將我帶進迦勒底地，到被擄的人那裡；我所見的異象就離我上升去了。我便將上主所指示我的一切事都說給被擄的人聽。」

雅威：將他舉起的「靈」就是我們的飛碟。從此以後，我們就經常傳話給他，告訴他什麼事應該怎麼做，也告訴以西結許多將會發生的事，使以西結成為以色列人的導師。當時，以色列周圍有很多國家，經由我們的傳示，除了預言以色列的滅亡外，還一一預言列國的滅亡。當然，最後以色列是要復興的。

聖經也記載複製人的過程

雅威：事實上在〈以西結書〉37章裡有一段記載相當重要，因為它記錄了我展示外星人複製生物的方法給以西結看。

呂尚：當時我看到這一段，就直覺認為是複製人的技術，果然沒錯。

「上主的大能臨到我；祂的靈帶我到山谷中。那山谷到處是骸骨。祂帶我走遍山谷；我看見山谷裡堆滿了極其枯乾的骸骨。祂對我說：必朽的人哪，這些骨頭能再活過來嗎？我回答：至高的上主啊，只有你才知道！

祂說：要向這些骸骨說預言，告訴枯骨要聽上主的話。要告訴他們，我——至高的上主對他們說：我要吹一口氣進你們裡面，使你們再活過來。我要使你們生筋長肉，包上一層皮。我要吹一口氣進你們裡面，使你們再活過來。這樣，你們就知道我是上主。」

雅威：我們利用「骸骨」中的細胞來複製人。

呂尚：以西結就照著您的指導，也看見這樣的情景：「於是，我遵照上主的命令說預言。正說的時候，我聽見了瑟瑟的聲音，一陣騷動，骸骨彼此連結起來。我看的時候，骸骨開始生筋長肉，包上一層皮，但是軀體沒有氣息。

「上主對我說：必朽的人哪，你要向風說預言，告訴它，至高的上主這樣說：從四面八方吹來，吹進這些軀體，使它們活過來。

「於是，我遵照上主的命令說預言，氣進入軀體，軀體就活過來，站立起來。他們的數目多得足夠編成軍隊。」

雅威：這是一個複製人技術的偉大描述，整個過程在你們地球人來看似乎很不可思議，但是在我們來說已經是成熟的科學技術。

也就是說，我們利用枯骨裡的細胞進行培殖，首先從骨頭本身開始長出筋，接著長出肉，最後長出皮膚，複製好了肉體之後，便將軟體程式灌進肉體，於是成為會動的人。

這是運用快速細胞培殖的高超生物科技複製人體。這樣的技術被古老民族看到而留傳下來，演變成古老的葬禮起源，例如木乃伊的製作、保持屍體不朽的方法等等。其實古老民族只學到表相，不知道這原來是高超的複製科技。

這裡還要探討一下什麼是「氣」？吹一口氣進去，人就活起來。而「氣」更是你們中國人自古就很重視的生命元素。到底「氣」是什麼？

事實上「氣」就是「生物信息能」，它是一切生命活動的必須要素。沒有信息能量，宇宙與地球上的萬物都無法存活。「信息場」在宇宙形成時就存在，它是萬物之母，人體缺乏信息也會死亡。

呂尚：是的是的，進入 21 世紀後，地球人也知道生物信息了。

以色列復興之後，在你們的教導下，重建聖殿，聖殿的規模、隔間及用途都在聖經中有詳細的記載。以西結也記錄了這個新聖城：

「我們流亡的第 25 年，也就是耶路撒冷陷落的第 14 年正月初 10，上主的大能臨到我身上，他把我帶走。在異象中，上主帶我到以色列地，把我放在一座高山上。我看見眼前有彷彿一座城的建築物。他帶我到那裡；我看見一個人像銅一樣發亮，手裡拿著麻繩和木尺，站在門口。」

雅威：我們的太空船帶著他來到以色列地，停留在山上。我們帶他來到新的聖城，門口有一個機器人在守衛。

呂尚：「我看見以色列上帝的榮耀從東方來。他的聲音像海浪澎湃；大地因他的榮耀而發出耀眼的光輝。」

雅威：我們的發光飛碟從東方飛過來，發著海浪澎湃的聲音，它的光芒把地面都照亮。

呂尚：「上主的靈把我提起來，領我到內院。在那裡，我看見聖殿充滿了上主的榮耀。那人站在我旁邊；我聽見上主從聖殿裡對我說話。」

雅威：我們的飛碟飛過東門進入降落的聖殿，利用光束力將以西結拉起來，飛到內院。飛碟的光芒照亮整個聖殿。我們一群外星人便在聖殿中住下，向以西結傳授祭壇做法、司祭規則、進聖殿的規則、君王應遵守的義務與權利、各種節慶的祭獻，並對以色列十二支派分出地界。

你們當時的地球人還是紛紛擾擾，經常出事，充滿私心，我們還是要回來關照。實在不得已，只怪我們造你們的時候，程式沒有控制好，裡面還有不少私惡的基因沒有刪除。當時真該聽反對派撒旦他們的決議，全部毀了地球人。

呂尚：可是，這樣，人家會說上帝不博愛。

雅威：什麼叫博愛？你們地球人只會用有限的「地球小愛」或是「個人小愛」思維來衡量事情，嘴巴說愛，卻天天製造事端、謀私害命。看看你們的資本財團，全是為私利，有大愛嗎？看看你們的政客，全是為私利，有大愛嗎？現在中東地區天天戰爭，連小愛都沒有。有個國家天天在世界各地製造事端，想永遠占當老大地位，不容許他國強盛，有大愛嗎？連小愛都沒有。

唉呀，說真的，我也實在後悔製造了充滿缺陷的地球人。

呂尚：所以，我認為中華古聖哲荀子說的「人性本惡」才是真理，只有他真正洞見人性，也就是確威您說的人類有「原罪」，道理就是如此。

但以理看到的飛碟與機器人

雅威：以西結之後有名的先知就是但以理，他是貴族出身的猶太人，在猶大王約雅金執政初年（公元前 609 年），和其他三位優秀青年被選入宮，接受高等教育，以推廣巴比倫文化。

呂尚：這些青年必須是沒有殘疾、英俊、聰明、學識豐富、才智過人，才有資格在宮廷服務。亞施比拿要教他們學習巴比倫的語言文字。王也下令要每天供給他們宮室中所享用的食物和酒。這樣訓練了 3 年後，他們要在王面前供職。在所有被挑選的人當中，有但以理、哈拿尼雅、米沙利、亞撒利雅，都是猶大支族的人。

雅威：我們特別喜歡但以理，便利用超自然方法，使但以理等 4 位青年具備超群的智力。

呂尚：「上帝使這 4 個青年精通各種文獻和學問，又賜給但以理有解釋異象和夢的才能。」

雅威：「異象」是基督教用詞，天主教是用「神視」，指的是能看見超常的景像。其實那就是我們高科技人所具備的基本能力。道理很簡單，就是直接影響腦部活動的一種方法，讓被影響人以為真的看到了某種景象。

呂尚：這種理論與方法，在臺灣學界已經提出來了，很合乎邏輯，相信不久將來，地球人也能達到此種地步。

雅威：有一次，巴比倫王尼布甲尼撒王做了一個夢，卻沒有人能解夢。

呂尚：但以理回答：「陛下啊，任何術士、巫師、占卜家，或占星家都不能向你解明這事；可是，天上有一位啟示奧秘的上帝，他已經把將來要發生的事指示陛下。現在我要把王的夢，就是王睡著時得到的異象向王講解。陛下睡著的時候，夢見了將來的事。啟示奧秘的上帝把將要發生的事指示了王。」

雅威：尼布甲尼撒王所做的夢，實際上是我們利用他入睡時，用腦波儀輸入的。我們也事先告訴但以理，所以他能解夢，為的是讓但以理成為先知，為人民做更多事。

呂尚：「陛下啊，你在異象中看見在你面前有一座巨大的像，光亮閃耀，使人不敢觀看。這像的頭是用精金做的，胸膛和手臂是銀做的，腰和臀都是銅做的，腿是鐵做的，腳是鐵和泥土混合做的。

「你正觀看的時候，有一塊未經人手開鑿的巨石從山岩上滾下來，擊中那像，把那鐵泥混合的雙腳砸碎了。

「但是那巨石卻越來越大，變成一座大山，覆蓋全地。這就是陛下做的夢。現在我向你解釋夢的意思。

「陛下啊，你是所有君王中最偉大的王。天上的上帝立你作帝王，賜給你國度、權柄、能力，和尊榮。他使你統治人類居住的世界，管理飛禽走獸。你是那座像的金頭。

「在你以後將有另一個帝國出現，但沒有你的國大；後來又有第三個帝國出現，就是銅的帝國，要統治全世界。再後有第四個帝國，它像鐵一樣堅強，能擊碎任何東西。正像鐵打碎東西一樣，它要打垮所有以前的帝國。

「你所看見那泥鐵混合的腳和腳趾是指將有一個分裂的帝國出現；它具有鐵的力量，你看見了鐵跟泥土混合；這是指那帝國的統治者要想以通婚統一各民族，但是不能做到，正像鐵跟泥不能混合一樣。

「當那些統治者在位期間，天上的上帝要建立一個永無盡期的王國。這王國絕不會被征服，反而要徹底毀滅所有的帝國而永遠存在。

「你看見一塊未經人手開鑿的巨石從山岩上滾下來；你又看見它砸碎了金、銀、銅、鐵，和泥做的像。偉大的上帝是要讓陛下知道將來要發生的事。這夢是真實的，解釋是可靠的。

「王說：『因為你解釋了這奧秘，我知道你的上帝是眾神中最偉大的神，是萬王之主，是啟示奧秘的上帝。』然後，王賞賜但以理許多貴重的禮物，又提升他，委派他管理巴比倫省，並任他作王家顧問之首。」

雅威：君王委派但以理擔任巴比倫省長，此時但以理要求君王也要同樣委任 3 位青年掌管巴比倫省政務，自己留在王宮。

由於巴比倫王的夢中有巨大金像，他便令人鑄了一尊高 27 公尺，寬 3 公尺的金像，要眾人朝拜，並下令誰不俯伏敬拜，就要立刻被扔進烈火熊熊的窯裡。

呂尚：可是但以理的三個朋友不朝拜金像，只恭敬天主。王就對他們說：「沙得拉、米沙、亞伯尼歌，你們真的不拜我的神明，不向我立的金像下拜嗎？

「不拜的人立刻要被扔進烈火熊熊的窯裡。你們以為會有神明來救你們脫離我的手嗎？三人回答：陛下，我們不願意為自己辯護。如果我們所敬拜的上帝能救我們脫離烈火熊熊的窯和你的手，他一定會救我們。陛下啊，即使他不救我們，我們也絕不拜你的神明，不向你立的金像下拜。」

雅威：因為他們三人也得到我們的啟示，知道我們存在，所以有信心。

呂尚：「尼布甲尼撒王一聽，臉色變了，大發雷霆。命令左右把火窯燒得比平常熱七倍，又命令軍隊裡最強壯的兵士把這三個人綁起來，扔進火窯裡。當時這三人衣著整齊，穿著內衣、外袍，也戴著帽子。由於王的嚴令，窯火燒得非常猛烈，從窯裡冒出的火焰竟把執行命令的兵士燒死了。那時，三人仍然被綁著，落入烈火中。」

雅威：當時我的太空人們在烈火中弄出清涼的微風，拯救信服我們的 3 位青年。

呂尚：「忽然，尼布甲尼撒驚奇地跳了起來，問他的大臣：我們不是綁了三個人，把他們扔進烈火裡嗎？他們回答：是的，陛下。王問：為什麼我看見四個人在火中走來走去？他們都沒有被綁住，也沒有一點燒灼的樣子，而那第四個人看來好像是神。

「於是尼布甲尼撒走近炎熱的窯口，大聲喊：沙得拉！米沙！亞伯尼歌！至尊上帝的僕人，請出來吧！他們立刻從火中出來。所有的總督、省長、副省長，和其他的官員都聚攏在這三個人周圍，發現他們一點灼傷都沒有；頭髮沒有燒焦，衣服沒有燒壞，身上也沒有煙火的氣味。」

雅威：我們的太空人在裡頭被尼布甲尼撒王看見，才會說「那第四個人看來好像是神」，王了瞭解到我們的厲害，便放了3位青年，且擢升這3位青年擔任更高的職位。

尼布甲尼撒王的兒子伯沙撒繼位後，有一天擺設盛筵，將從耶路撒冷劫掠來的金銀器皿拿出來飲酒，這是褻瀆聖器的舉動，於是我們運用靈異現象，展現警告。

呂尚：「忽然間，有一隻人手出現，用指頭在王宮的粉牆上那燈光最亮的地方寫字。王看到那只手在寫字，立刻臉色變白，嚇得雙膝顫抖。」

雅威：這種靈異事件其實是一種遠距遙控，凡是科技到達宇宙移民的人種都能夠突破時空的限制，可以透過不同的空間結構，呈現出類似神仙法術的事蹟。但以理因為見過我們，知道夢中異象其實是透過腦波控制告訴他的未來局勢。

呂尚：「我正觀看的時候，看見幾個放置在那裡的寶座。那位萬古永存者坐在其中的一個寶座上。他的衣服像雪一樣潔白，頭髮像純白的羊毛。他的寶座是火焰，安置在熾熱的火輪上面。」

雅威：「幾個放置在那裡的寶座」就是數艘飛碟，「那位萬古永存者坐在其中的一個寶座上」，就是我坐在其中一艘飛碟裡，身穿白色太空衣。而這幾艘飛碟都是發著強光，好像「火焰」「熾熱的火輪」。

這裡「萬古永存」這四個字也正透露了我們透過科學的複製方法才能夠做到真正的永生。所以我自己也是利用細胞培育複製的方法存活很久很久了。

呂尚：是的，我來補充一下，如果我在 30 歲時取下細胞冷凍起來，到了 80 歲，把細胞複製成新肉體的我，再把 80 年來的智慧知識傳輸進新肉體，新的我就繼續生存下去，舊的我可以消毀，想想此時 30 歲的新肉體擁有 80 歲的知識智慧，這是第一次複製。如果重復這樣複製下去，永遠可以複製出 30 歲的我，但是知識智慧不斷累積，80+80+80+80+80，五次複製的話，那時 30 歲的我擁有 400 歲的知識智慧，不得了嘍，無法想像的嘍。所以，整個教育體制統統要打掉重來了。

接著「在晚間的異象中，我看見有一位彷佛像人子的，駕著雲來。他被引到那萬古永存者面前。」

雅威：這是但以理見到一位太空人乘著飛碟降落，走向指揮官我的經過。

呂尚：「我看著這異象，正想瞭解的時候，忽然有一個外貌像人的站在我面前。我聽見從烏萊河有聲音呼喊：加百列啊，向他解釋他所看見的異象。

「加百列走到我身邊來；我很害怕，就俯伏在地上。他對我說：人子哪，你要瞭解這異象。這異象有關歷史的終局。」

雅威：此處所說的「外貌像人」稱為加百列，就是我們其他的太空人。他是來告訴但以理關於末日的情景。

呂尚：「正月 24 日，我站在底格裡斯大河邊。我仰望天空，看見有一個人穿著細麻紗衣服，束著精金做的腰帶。他的身體像寶石發光，臉孔像閃電發亮；他的眼睛像火一樣閃爍，手臂和腿像擦亮的銅那麼光亮；他的聲音宏亮有如一大群人的呼喊。」

雅威：這段描述的是我們做的機器人。但以理用很精確的文句來描述他的所見，使大家一讀就完全能想得出這個機器人的實際模樣。他是智慧型機器人，和現在你們科技界發展的機器人一樣。不過我們的機器人已具備全智慧功能。

呂尚：於是他說：「但以理呀，不要怕。自從第一天你謙卑地在上帝面前祈求明白這異象的意思，他就垂聽你的禱告。我就是來為你解釋的。但是波斯的護國天使攔阻我，使我耽擱了 21 天。由於我單獨被留在波斯，有一位天使長米迦勒來幫助我。我來為你解釋將來你同胞所要遭遇的事；這是有關將來的異象。」

雅威：這段描述本意是：機械人有點故障，負責修理的太空人修了 21 天還修不好，最後是天使長米迦勒來修護，他就是總工程師，才能修好了。

其實這些經文原本都是相當淺顯而科學的，只是你們古代地球人未具備科學知識，用一些當時的言語來描述，當然就變樣了，看起來好像是神話。

呂尚：但以理書也有死者復活的記載：「有許多已故的人將復活。有的要享受永恆的生命；有的要受永遠的羞辱。」

雅威：機器人也告訴但以理，有死者復活的事情。因為但以理是我們特地選拔出來的，在他腦中植入晶片，輸入高智慧知識，我們要透過他告訴地球人將要發生的事，目的是要地球人能覺悟。可惜到現在，爭亂愈多，先知們的辛苦都白費了。

舊約結束前的一些高科技事件

雅威：「十二小先知」也是各按當時宗教狀況及道德需要，先後被我們所召選的人，他們任職時代是公元前 8 世紀到公元前 4 世紀。所以十二小先知書裡面也充滿：「上帝對我說………」「上帝的話傳給………」「上帝叫我看見這事………」「上帝說……」「上帝這樣說……」等敘述，那時我們仍然經常與這些先知在一起。

呂尚：我知道先知約拿有一樁傳頌西方宗教界的事，一直被神學家譽為神跡，我認為其實是有其科學真相的。

事情是這樣的：「約拿到了約帕港，找到一條要開往他施去的船。他付了船費，上了船，要跟船員們一起到他施去。

「可是，上主使海上刮起大風，狂風巨浪襲擊那條船，船幾乎被擊破。船員都非常驚慌，個個向自己的神明哀呼求助。為要減輕船的載重，他們就把船上的貨物拋進海裡。

「這時候，約拿在船艙，躺在那裡沉睡著。船長發現約拿在船艙裡，就對他說：你怎麼還在這裡沉睡呢？起來，向你的神明求救吧！說不定他會可憐我們，救我們的命。

「船員彼此說：我們來抽籤，看看是誰的罪惡使我們遇到這災難。他們就抽籤，抽中了約拿。他們問他：告訴我們，這災難是不是你引起的？你是幹哪一行的？你從哪裡來？是哪一國的人？

「約拿回答：我是希伯來人。我敬畏上主。他是天上的上帝，是海洋和陸地的創造主。又告訴他們，他正在逃避這位上主。船員聽了這番話，嚇了一跳，就對他說：你做這事還得了嗎？因為風浪越來越大，他們就問他：我們該怎樣處置你才能使風浪平靜呢？

「約拿回答：把我抬起來，拋進海裡，風浪就會平靜，因為我知道是我的罪過使你們遇到這場風暴。船員反而拚命搖槳，要把船劃到海岸去。

「可是風暴越來越猛，他們無法前進。於是他們呼求上主：上主啊，求你不要因這人的命而以死懲罰我們。上主啊，這一切都是照你自己的意思做的。說完了，他們就把約拿抬起來，拋進海裡；風浪立刻平靜下來。船員都因這事而大大敬畏上主，向他獻祭，並且許願要事奉他。」

雅威：其實這個風浪是我們施作的，要控制風雨並不困難。因為我們希望尼尼微人都能夠相信我們的存在。

呂尚：我知道古代道行很高的道士，有的真的會呼風喚雨。你們用高科技，當然更簡單了。

「這時，上主安排了一條大魚，把約拿吞下去。約拿在魚的肚子裡三天三夜。後來，上主命令那條大魚把約拿吐在沙灘上，大魚就照樣做了。」

歷代神學家們一直在用有限的知識爭論這大魚是鯨魚或鯊魚。古代學者認為是鯨，近代學者認為是鯊魚，其實都不是。我認為絕對不是。

雅威：想想看，任何人在大魚腹中三天三夜，早就被胃酸給折騰、也會悶死或被水嗆死。其實這是我們的小型潛艇，我們在地球上居住那麼久，當然會製造一些航行在海中的器具，如深海探測器、潛艇等。

呂尚：多年前新聞報導就有一個相似例子，一個人被發現在鯨魚胃中，全身已呈灰白，當然是沒命了。然而神學家僵化拘泥於經文中的「魚」字，就在爭論是什麼魚，如何能夠了解真相呢？

雅威：這一次我們為了展現威力，使尼尼微人信仰，便安排約拿來表演投海事件，因為約拿早就知道海浪是我們的潛艇使出來的，不是自然界的風浪，所以在水手驚慌時，他很放心地沉睡，並交待船員將他投海。

呂尚：到此，已經是舊約聖經快結束了。

雅威：我們在舊約末段也預言世界末日的到來，在這裡也留下一點伏筆，因為不希望千里迢迢來到地球複製的地球人類後代全部被毀滅，因此，在末日到來以前，會派一些先知來地球，宣示一些事情的真相，讓相信的人免於毀滅。

呂尚：不過，我想探討的是，所有宗教都是在勸人為善，但只有聖經說「相信上主的人才能得救」「信我者得永生」，難道，信其他如佛教、道教、伊斯蘭教的人，就無法得救？這樣似乎非常不合理。

雅威：當然不是如此。在末日到來時，很多基督徒和天主教徒也會被毀滅。很多佛教、回教、道教徒也會被拯救，和信哪個宗教無關！

「信我者得永生」，並不是表面字義「信我上帝的人就能永生」，想想看，2 千年來，相信基督教天主教的人有誰在地球上永生了？或是在天國永生了？

真正的含意是指：相信我在此所揭示這一切真相的人，不管信仰任何宗教，都可以在未來得到細胞複製的方法，科學地永生下去。

呂尚：哈哈，那也就是說相信本書的人，不管信什麼教，只要相信，就能得到，這就要看讀者各人的智慧了。

雅威：沒錯，你們佛教不是也講「隨緣」，就是如此。

伯利恆之星就是發光飛碟

神學家認為以宗教觀點，《新約》超過《舊約》，因為上帝是在舊約時代，只是「多次以多種方式，藉先知說話而已」，然而在新約時代，卻是「藉其子對人類說話」，神學家認為如此《舊約》的啟示在新約內才得以圓滿。

這個觀點對以 Elohim 的角度來詮釋聖經內容，有其絕對的價值，因為上帝 Jahve 在地球人之外，加上了一位有 Elohim 星系血統的人物耶穌，對本書的揭示具有最直接的價值。

新約慣用「福音」一詞，原意為「喜訊」，但按新約作者採用此詞的意義來說，是指 Jahve 的兒子耶穌降生為人，從天上給人類帶來的啟示，和他在完成救贖工程以後，由諸位門徒向萬民所宣布的得救喜訊。

呂尚：聖教會自初承認〈馬太、馬可、路加、約翰〉四部福音是受上帝默感而寫的經典，其他名為福音的著作都是偽經。

雖然福音有四部，但所傳示的都是同一個喜訊，只是在書寫形式上有所不同而已。又由於自古以來聖教會一致公認〈馬太福音〉是為巴勒斯坦的猶太人寫的，又是四福音中材料最豐富的一部，特別力證耶穌基督即是上帝所預許及先知所預言的彌賽亞，所以本書以〈馬太福音〉為主要詮釋來源，另加上些許其他三福音中所有，而馬太福音所無的文句，做完整的說明。

雅威：我必須強調一個觀點，耶穌是具有我星系血統的地球人，是第一位無性生殖的星際混血兒。在舊約時代，我只能透過先知們來啟示地球人。但在新約時代，加上了耶穌，對所有的揭示方有真實絕對的價值。

呂尚：先從耶穌誕生說起吧。

「上帝差遣天使加百列到加利利一個叫拿撒勒的城去，要傳話給一個童女，名叫馬利亞；這童女已經跟大衛家族一個名叫約瑟的男子訂了婚。

「天使到她面前，說：願你平安！你是蒙大恩的女子，主與你同在！馬利亞因為天使這話，十分驚惶不安，反復思想這問安的含意。天使對她說：馬利亞，不要害怕，因為上帝施恩給你。你要懷孕生一個兒子，要給他取名叫耶穌。他將成為偉大的人物，他要被稱為至高上帝的兒子。主—上帝要立他繼承他祖先大衛的王位。他要永遠作雅各家的王，他的王權無窮無盡！

馬利亞對天使說：我還沒有出嫁，這樣的事怎麼能發生呢？使回答：『聖靈要降臨到你身上；至高上帝的權能要庇蔭你。因此，那將誕生的聖嬰要被稱為上帝的兒子。馬利亞說：我是主的婢女；願你的話成就在我身上。於是天使離開了她。」

雅威：我們要透過檢選的馬利亞來誕生耶穌，所以先派遣天使告訴她，是負有任務的。

當時，馬利亞未嫁給約瑟，所以她說還沒有出嫁怎麼可以生子。

若以你們世俗眼光來看，馬利亞未婚生子。許多神學家總是會起一些爭議。馬太福音 1 章記錄的是耶穌基督誕生的經過。

呂尚：耶穌基督誕生的經過是這樣的：「他的母親馬利亞已經跟約瑟訂了婚，但是在成婚以前，馬利亞知道自己已經由聖靈懷了孕。」

雅威：事實上，馬利亞是我們透過「無性生殖」的方法直接將受孕胚胎移殖到她身上，也就是如同你們現代的植入試管嬰兒般。「聖靈要降臨到妳身上」及「由聖靈懷了孕」正是此意。

呂尚：「她的未婚夫約瑟為人正直，但又不願意公開羞辱她，卻有意要秘密解除婚約。」

雅威：未婚夫約瑟當然無法接受此事實，正在考慮要休了馬利亞的時候，我的太空人用超感應的方法來告訴他真相。

呂尚：福音這樣寫：「他正在考慮這事，主的天使在夢中向他顯現，說：大衛的後代約瑟，不要怕，儘管娶馬利亞作妻子，因為她懷的孕是由聖靈來的。她將要生一個兒子，你要給他取名叫耶穌，因為他將拯救他的子民脫離他們的罪。」

雅威：約瑟醒來後，就遵照做了，但沒有同房，等她生下耶穌，用布包起來，放在馬槽裡，因為客店沒有地方了。我在舊約時代已經借著先知講出這樣的話：「有童女將懷孕生子，他的名字要叫以馬內利。」「以馬內利」的意思就是「上帝與我們同在」。這時在伯利恒的野地裡有牧羊人夜間露宿，輪流看守羊群。他們看到了異象。

呂尚：在伯利恒之野地裡有牧羊的人，夜間按著更次看守羊群。「有主的使者站在他們旁邊，主的榮光四面照著他們，牧羊的人就甚懼怕。那天使對他們說，不要懼怕，我報給你們大喜的資訊，是關乎萬民的。因今天在大衛的城裡，為你們生了救主，就是主基督。你們要看見一個嬰孩，包著布，臥在馬槽裡，那就是記號了。」

雅威：當然是我們的發光飛碟出現。

呂尚：「忽然有一大隊天兵，同那天使讚美神說：在至高之處榮耀歸與神，在地上平安歸與他所喜悅的人。眾天使離開他們升天去了。」

雅威：這個時候，一大群我們的太空人出現，說完之後，他們便上升回返飛碟飛走了。這些太空人離開牧羊人回天上去的時候，牧羊人就急忙回到伯利恒，找到了馬利亞、約瑟和躺在馬槽裏的嬰兒。

呂尚：「牧羊的人彼此說，我們往伯利恒去，看看所成的事，就是主所指示我們的。他們急忙去了，就尋見馬利亞和約瑟，又有那嬰孩臥在馬槽裡。孩子出生，約瑟就給他取名叫耶穌。」

雅威：牧羊人看見以後，就出去把天使所說關於嬰兒的事告訴大家。「有幾個東方來的星象家從東方來到耶路撒冷，說：那生下來作猶太人之王的在哪裏？我們在東方看見他的星，特來拜他。」

呂尚：當時，希律王聽到「那生下來作猶太人之王」，心裡就很不安，耶路撒冷全城的人也都不安。「於是，希律暗地裡召了東方來的星象家來，查問那星是甚麼時候出現的，就派他們往伯利恆去，說：你們去仔細尋訪那小孩子，找到了就來報信，我也好去拜他。

聽了這話，他們就走了。這時候，他們在東方看見的那顆星又出現，並且在前頭引導他們，一直來到小孩子所在地方的上面才停住。」

雅威：「那顆星」被稱為「伯利恒之星」。呂尚，你認為是什麼星？

呂尚：很多神學家和科學家都在花時間研究這「那顆星」到底是什麼。

有的認為可能是超新星、流星、彗星，甚至於隕石，或當時兩行星靠近，大家說法都不同。其實我認為統統錯了。

小學生也知道，自然界的星不會如此引導人直行，也不會立即停

（來源：聖經考古學）

在耶穌出生房子的上方，它不是普通的星。這顆星應該就是你們的小型發光飛碟。

雅威：你們地球上的科學家與神學家，就是永遠不願承認聖經裡頭一大堆榮光、密雲等就是我們的發光飛行器這個事實。我們本來就有意引導來自東方的星象家前往參拜耶穌。

呂尚：「他們進了屋子，看見小孩子和他的母親馬利亞，就俯伏朝拜這孩子，然後打開寶盒，拿出黃金、乳香、沒藥等禮物獻給他。

「在夢中，上帝指示他們不要回去見希律，於是他們從另一條路回自己的家鄉去。他們走了以後，主的天使在約瑟的夢中顯現，說：起來！帶著小孩子和他的母親逃往埃及，住在那裡，直到我吩咐你離開；因為希律要搜索這孩子，要殺害他。於是，約瑟動身，連夜帶著孩子和他的母親逃往埃及。」

雅威：因為希律王知道有個小孩將來會影響到自己的王位，想殺光城裡 2 歲以內的男孩。所以在耶穌出生後，我們要約瑟帶著全家人暫時逃到埃及，等希律王死後再回來。在舊約時我曾借著先知說過：「我從埃及把我的兒子召出來。」

呂尚：「希律死了以後，在埃及，主的天使在約瑟的夢中顯現，說：起來！帶著小孩子和他的母親回以色列地，因為那些想殺害這孩子的人已經死了。於是約瑟動身，帶著小孩子和他的母親回以色列去。」

雅威：在〈路加福音〉裡，有一段描述耶穌小孩時代的生活情景是其他福音沒有的。

呂尚：「耶穌的父母每年都上耶路撒冷守逾越節。耶穌 12 歲的時候，他們照例前往守節。節期完了，他們動身回家，孩童耶穌卻逗留在耶路撒冷；他的父母不知道這事，以為他在同行的人群中，走了一天的路程才開始在親友當中尋找他。

「他們找不到他，就回耶路撒冷去找。三天后，他們才在聖殿裡找到他。他正坐在猶太教師們中間，邊聽邊問；所有聽見他的人都驚奇他的聰明和對答。」

雅威：耶穌很有智慧，所以小時候就對經師所講的道理極感興趣。

呂尚：耶穌本來就是第一個星際混血兒，當然很聰明。

雅威：也是。

呂尚：〈路加福音〉」提到「耶穌開始傳道的時候，年紀約 30 歲」，整部新約聖經完全沒有記錄耶穌 12 歲到 30 歲之間的 18 年事蹟，這是很奇怪的。

這一段歲月是人生中最青春重要的，等於上國中、高中、大學、初入社會，是一生最精彩的成長階段，新約一個字都沒有，神學家也無法解釋。

雅威：所以，必須用專章來說明，我會在後面詳細解說耶穌失蹤 18 年的真相。

耶穌受洗時的飛碟事蹟

雅威：耶穌 30 歲的時候，施洗者約翰來到猶太的曠野傳道。

呂尚：「他（約翰）說：悔改吧，因為天國快實現了！群眾從耶路撒冷、猶太全境，和約旦河一帶來到他跟前。他們承認自己的罪，約翰就在約旦河為他們施洗。

「那時候，耶穌從加利利往約旦河去見約翰，要請他施洗。約翰想要勸阻他，就說：我應當受你的洗禮，你反而來找我！可是耶穌回答他：現在就這樣做吧，因為這樣做是實行上帝的要求。於是約翰答應了。

「耶穌一受了洗，從水裡出來，天為他開了；他看見上帝的靈好像鴿子降下來，落在他身上。接著，從天上有聲音說：這是我親愛的兒子，我喜愛他。」

雅威：這一段有很重要的信息。好像鴿子降下的「上帝的靈」其實是我們的小型偵測器。回到當時的場景，我們可以說：耶穌受了洗，隨即從水裡出來，「天為他開了」事實上是天空出現一架小型飛碟，放下小型遙控偵測器，彷佛鴿子下降般地慢慢落到耶穌身上。

呂尚：〈馬太福音〉也有這樣的文字：「彼得正說這話的時候，一朵燦爛的雲彩籠罩了他們；有聲音從雲中出來，說：這是我親愛的兒子，我喜愛他。你們要聽從他！」

雅威：我的聲音從盤旋在半空中的飛碟裡的擴音機中傳了出來，因為耶穌是我們利用無性生殖的方法，請馬利亞做「代理孕母」而生的。

呂尚：在〈馬太福音〉裡還有很多「雲、榮耀」等飛碟的記錄，如：「他們要看見人子，有能力，有大榮耀，駕著天上的雲降臨。

「當人子在他榮耀裡、同著眾天使降臨的時候，要坐在他榮耀的寶座上。

「耶穌對他說：你說的是。然而，我告訴你們，後來你們要看見人子坐在那權能者的右邊，駕著天上的雲降臨。」

雅威：讀者不用再懷疑了，這些可以駕駛的天上的雲，當然就是飛碟了。可是我也知道你們地球人還是有不少人絕對不願承認。因為一承認，以前的宗教信仰就崩潰了。

呂尚：一切隨緣吧。在〈馬可福音〉裡也有：「那時，地上的萬族看見人子有大能力、大榮耀，駕雲降臨。……耶穌說：你們必看見人子坐在那權能者的右邊，駕著天上的雲降臨。」

〈使徒行傳裡〉也有一段：「他們正看的時候，他就被取上升，有一朵雲彩把他接去，便看不見他了。當他往上去，他們定睛望天的時候，忽然有兩個人身穿白衣，站在旁邊，說：加利利人哪，你們為什麼站著望天呢？這離開你們被接升天的耶穌，你們見他怎樣往天上去，他還要怎樣來。」

這裡很有趣的還記錄耶穌被飛碟（雲彩）接上天空時，使徒司提反：「被聖靈充滿，定睛望天，看見神的榮耀，又看見耶穌站在神的右邊，就說：我看見天開了，人子站在神的右邊。」其實是看見耶穌在您的飛碟裡。不過，他是怎麼看到的？

雅威：是我有意讓他看到，好讓他能夠佈道。原理就是啟動他的遙視能力，就是你們說的天眼通。

總之，在聖經裡面，不論舊約新約，凡是會飛的「榮光」「天上的雲」「雲彩」「榮耀」「被接升天」等等，統統還原成我們的飛行器，就對了。

冤枉撒旦 2 千年

雅威：耶穌受洗之後，還沒有向世人傳道之前，便被聖靈帶到曠野去，接受魔鬼的試探。

聖經中的魔鬼撒旦，事實上並不是你們一般認為的魔鬼，完全被醜化了。事實上，撒旦和我是同事，只是意見不和的另一派，在我們來地球改造環境創造生命的時候，撒旦所率領的反對派並不贊成，因此，日後被醜化成魔鬼。

呂尚：原來如此，大家冤枉撒旦 2 千年了。

「接著，耶穌被聖靈帶到曠野去，受魔鬼試探。禁食四十晝夜後，耶穌餓了。那試探者上前對他說：既然你是上帝的兒子，命令這些石頭變成麵包吧！耶穌回答：聖經說，人的生存不僅是靠食物，而是靠上帝所說的每一句話。

「魔鬼又帶耶穌到聖城，讓他站在聖殿頂的最高處，對他說：既然你是上帝的兒子，你跳下去；因為聖經說：上帝要為你吩咐他的天使；他們要用手托住你，使你的腳不至於在石頭上碰傷。耶穌回答：可是聖經也說：不可試探主—你的上帝。

「最後，魔鬼帶耶穌上了一座很高的山，把世上萬國和它們的榮華都給他看。魔鬼說：如果你跪下來拜我，我就把這一切都給你。耶穌回答：撒旦，走開！聖經說：要拜主—你的上帝，惟獨敬奉他。於是，魔鬼離開了耶穌，天使就前來伺候他。」

雅威：這裡是描述反對派領袖撒旦用多種方法去試探耶穌，目的是在確定耶穌是否真的擁有智慧，是否敬愛創造人類的外星人。

最後撒旦很滿意這位星際混血兒耶穌的智慧，認為他足以勝任我們派他到地球傳播真理的工作。於是離開耶穌。其他的太空人就前來開始幫助耶穌，讓他為大家治病。

耶穌的治病神蹟就是靈性療癒

呂尚：新約裡面有不少耶穌治病的神蹟，例如「耶穌走遍加利利全境，在各地方的會堂裡教導人，宣講天國的福音，治好民間各樣的疾病。他的名聲傳遍了敘利亞，因此那裡的居民把患各種疾病、受各樣痛苦的人，例如被鬼附身的、癲癇的、癱瘓的，都帶到他跟前來，他一一治好了他們。」

雅威：此種治病能力在你們當代醫學上來看是不可能的，是一種能量療法。

呂尚：其實古中醫的「祝由術」就類似這個。

雅威：你可以多多說一下祝由術。

呂尚：不好吧，這本書是在還原聖經真相。

雅威：沒關係，讓讀者有個初步概念，然後自己去搜尋研究。

呂尚：好吧。「祝由術」在古代又被稱為巫術，能進行巫祝的人都是上古時期的高級知識份子，他們通天文懂地理知人事。「祝由」是黃帝所賜的一個官名，也是地位崇高的職業。

在《黃帝內經素問篇》中：「黃帝曰：余聞古之治病，惟其移精變氣，可祝由而已。」《古今醫統大全》說：「上古神醫，以菅為席，以芻為狗。人有疾求醫，但北面而咒，十言即癒。」唐代太僕令王冰曾說：「祝說病由，不勞針石而已。」

《黃帝內經》通篇不言鬼神邪祟，認為「因知百病之勝，先知百病之所從」，此種不用針不用藥更不用刀而運用「移精變氣」治癒疾病的方法，用現代話講， 祝由術就是以意念（信息）結合能量醫療的一種高端的心靈癒療，絕對不是迷信。我相信耶穌也是運用超高的能量來幫病人移精變氣。

雅威：很好，耶穌正是有此大能的人。

呂尚：接著「耶穌從山上下來，成群結隊的人跟著他。有一個痲瘋病人來見他，向他下拜，說：主啊，只要你肯，你能使我潔淨。耶穌伸手摸他，說：我肯，你潔淨吧！他的痲瘋立刻消除，潔淨了。耶穌對他說：不要把這件事告訴人，要直接去見祭司，讓他替你檢查，然後按照摩西的規定獻上祭物，向大家證實你已經潔淨了。」

雅威：簡單說，耶穌使用的就是「靈性療癒」，也可以稱為「能量醫學」或「信息醫學」，這是我們早已具備的醫學技術，可是在你們來說，還是不可思議的神蹟。

呂尚：但在今日來看，能量醫學、量子醫學、信息醫學等已日漸經受到重視，心靈療法也已成為不能忽視的代替療法，這些都值得我們重視，而且是相當超科學的。

呂尚：聖經裡記錄的耶穌治病事蹟相當多，而且還涉及「遠距療愈」：「耶穌來到迦百農，有一個羅馬軍官來迎接他，求他幫助，說：主啊，我的僕人患了癱瘓病，躺在家裡，非常痛苦。

「耶穌說：我去醫治他。軍官回答：主啊，你親自到捨下來，我不敢當；只要你吩咐一聲，我的僕人就會好的。耶穌聽見這話，非常詫異，對跟從他的人說：我實在告訴你們，像這樣的信心，我在以色列人當中，從來沒有遇見過。「然後耶穌向那軍官說：回家去吧，照你的信心給你成全！他僕人的病就在那時刻好了。」

雅威：這不僅是「遠距療愈」也是「信心療愈」。其實任何人只要有堅強的信心，疾病都會好的。不過你們現代地球人，太依賴西式對抗醫療，自己對健康完全沒有信心，遇到小小感冒咳嗽，就趕快去大醫院打針吃藥，這是錯誤的，無法健康的。

呂尚：沒辦法，西方醫學已控制全人類，制式的醫學院教育主宰了醫生，把人當做器官而已，地球人應該覺醒覺醒。

下面我就列出新約裡面，更多的耶穌治病實例：

「耶穌來到彼得的家，看見他岳母正發高燒，躺在床上。耶穌一摸她的手，熱就退了，她立刻起來接待耶穌。

「耶穌離開會堂，到西門家裏去。西門的岳母患病，發高燒；他們向耶穌求助。耶穌去看她，站在她的旁邊，斥責熱病，熱就退了。她立刻起來，接待他們。

「太陽下山的時候，許多患各樣疾病的人被親友帶來見耶穌；耶穌一一替他們按手，治好了他們。

「有人抬著一個躺在床上的癱瘓病人到他面前來。耶穌看出他們的信心，就對癱瘓病人說：孩子，放心吧，你的罪蒙赦免了！有幾個經學教師心裡想：這個人說了狂妄的話！耶穌知道他們在想些甚麼，就問：你們為甚麼懷著邪惡的念頭呢？對這個人說你的罪蒙赦免容易，或是說起來走容易呢？我要向你們證明，人子在地上有赦罪的權。於是他對癱瘓病人說：起來，拿起你的床，回家去吧！那個人就起來，回家去了。

「有兩個盲人坐在路旁，一聽見耶穌經過，就大聲喊叫：主啊，大衛之子，可憐我們吧！大家責備他們，不許他們作聲；可是他們更加高聲喊叫：主啊，大衛之子，可憐我們吧！耶穌停下來，叫他們過來，問說：你們要我為你們做甚麼？他們回答說：主啊，請你使我們的眼睛能夠看見！耶穌動了惻隱的心，摸他們的眼睛；他們立刻能夠看見，就跟從了耶穌。

「有兩個盲人跟著他，喊說：大衛之子啊，可憐我們吧！耶穌進了屋子，兩個盲人來到他面前，他就問他們：你們信我能做這件事嗎？他們回答：主啊，我們信。於是，耶穌摸他們的眼睛，說：照你們的信心成全你們吧！他們的視覺便恢復了。耶穌鄭重地吩咐他們：不要把這事告訴任何人！可是，他們一出去就把耶穌的事傳遍那一帶地方。

呂尚：「有一個女人患了 12 年血崩；她走到耶穌背後，摸了一下他外袍的衣角。她心裡想：只要我摸到他的衣角，我一定會得醫治。耶穌轉過身來，看見她，就對她說：孩子，放心吧，你的信心救了你！就在那時候，那個女人的病好了。

雅威：這個女人自己有很大的信心，「她心裡想：只要我摸到他的衣角，我一定會得醫治」，所以摸了一下耶穌外袍的衣角也就好了。所以「照你的信心成全你」「耶穌看出他們的信心」「你的信心救了你」「我們信」，全是在講「信心」，這是要去除疾病的第一關！

呂尚：正是「心誠則靈」「相由心生」。我也常說「星際無邊，一切來自你的心！」地球人呀！你們必須具備此種堅定的信心，方能健康。

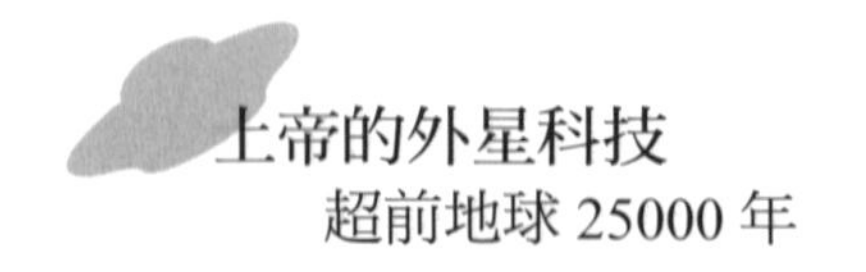

耶穌是用溝通陰陽兩界的咒語來驅鬼

呂尚：在新約裡面，耶穌驅鬼的事蹟也很多，如：

「耶穌到湖對岸的加大拉地區，遇見兩個從墓穴出來的人。這兩個人被鬼附身，十分兇狠，因此沒有人敢走這條路。

「他們見了耶穌，立刻喊著說：上帝的兒子，你為甚麼要干擾我們？時機未到你就來折磨我們嗎？剛好，附近有一大群豬在吃東西。鬼就央求耶穌：如果你要趕我們出去，就打發我們進豬群裡面去吧。

「耶穌說：去吧！鬼就出來，進入豬群；整群的豬沖下山崖，竄入湖中，都淹死了。放豬的人就逃進城去，把這件事的始末和被鬼附身的人所遭遇的向大家報告。」

雅威：由這一則可以知道，鬼先是附在人身上，後來附在豬身上，這就是附體。我知道在你們的社會也有一些例子。

呂尚：哈哈，耶穌也是用「移精變氣」的方法，將人身上的鬼移到豬身上。

雅威：所以，靈性療癒，自古皆在，古代地球人比較相信，現代地球人受到現代唯物科學的影響，反而對宇宙中存在的無形能量、信息陌生，可惜呀。

呂尚：「傍晚的時候，有人帶了許多被鬼附身的人來見耶穌。耶穌只用一句話就把鬼都趕走，又治好了所有的病人。

「耶穌到加利利的迦百農城去。在會堂裡，有一個汙鬼附身的人，大聲喊叫：拿撒勒的耶穌，你為甚麼干擾我們？你是來除滅我們的嗎？我知道你是誰；你是上帝的聖者！耶穌斥責那汙鬼說：住口，快從這個人身上出來！

「汙鬼在大家面前把那人摔倒，就從他身上出來，一點兒也沒有傷害他。大家驚訝不已，彼此議論說這是甚麼話呢？這個人居然有權柄和能力指揮汙靈，汙靈竟出來了！於是耶穌的名聲傳遍了那一帶。」

雅威：耶穌這種驅鬼能力，和你們時下許多通靈人治病的方法一樣，並不稀奇，但在2千年前的中東地區少有人會，所以立即吸引了許多人。

耶穌驅鬼，只需用一句話便夠了，其實他念的是咒語，是溝通陰陽兩界的咒語，表明他的任務，請那些附在人體的鬼退回陰界。

呂尚：我知道，咒語確實有這些能量。只是現在失傳，會的人太少了。

接著：

「他們回到群眾那裡的時候，有一個人上來，跪在耶穌面前，說：主啊，求你可憐我的兒子！他患了癲癇病，很痛苦，時常跌在火裡或水裡。我帶他去見你的門徒，可是他們不能治好他。

「耶穌說：你們這時代的人多麼沒有信心，多麼腐敗啊！我還得在你們這裡多久呢？還得容忍你們多久呢？把孩子帶到這裡來！

於是耶穌責備那鬼；鬼一出來，孩子的病立刻好了。

「事後，門徒私下來問耶穌：為甚麼我們不能把那鬼趕出去呢？耶穌回答：因為你們的信心不夠。我實在告訴你們，假如你們有像一粒芥菜種子那麼大的信心，就是對這座山說從這裡移到那裡！它也會移過去。沒有任何事情是你們不能做的。」

雅威：耶穌得到我們的真傳，除了驅鬼還會使人復活。

呂尚：「耶穌正在向約翰的門徒說這些話的時候，有一個猶太會堂的主管來見他，在他面前跪下，說：我的女兒剛死了，求你去為她按手，使她再活過來。耶穌起來，跟著他去；耶穌的門徒也一起去。耶穌來到那主管的家，看見出殯的吹鼓手和亂哄哄的人群，就對他們說『你們都出去，這女孩子沒有死，她只是睡著了！大家都譏笑他。這群人被趕出去以後，耶穌進女孩子的臥室，拉著她的手，她就起來。這消息傳遍了整個地區。

又有一次，「耶穌到拿因城去；他的門徒和一大群人跟著他去。他來到城門口，剛好一隊送殯的行列出來。那死者是一個寡婦的獨生子；從城裡有許多人出來，陪著寡婦送殯。主看見了那寡婦，心裡充滿了悲憫，就對她說：不要哭！然後上前按著抬架，抬的人就站住。耶穌說：年輕人，我吩咐你起來！那死者就坐起來，並且開始說話。耶穌把他交給他的母親。」

雅威：不過你們還無法瞭解耶穌有這種能力。

呂尚：「有些不相信復活這回事的撒都該人來見耶穌，問他：老師，摩西教導我們，一個人死了，沒有孩子，他的弟弟必須娶寡嫂為妻，替哥哥傳宗接代。從前，我們這裡有兄弟七人，老大結了婚，死了，沒有孩子，留下寡婦給他弟弟；老二、老三也是這樣，一直到老七，情形相同。最後，那個女人也死了。請問，既然他們都娶過她，在復活的日子，她算是哪一個的妻子呢？

「耶穌回答他們：你們錯了！你們不明白聖經，也不知道上帝的權能。在死人復活的時候，他們要跟天上的天使一樣，也不娶也不嫁。關於死人復活的事，你們沒有念過上帝告訴你們的話嗎？上帝說：我是亞伯拉罕的上帝，以撒的上帝，雅各的上帝。這意思是說，上帝是活人的上帝，不是死人的上帝。群眾聽到這樣的教訓，都覺得驚奇。」

雅威：有意思吧，「上帝是活人的上帝，不是死人的上帝」，我雅威就是你們口中的上帝，活人才能瞭解我們外星球的存在，才有意義。

呂尚：自從 1885 年起，「鬼魂研究」在英國美國萌芽迄今，已經成為被美國科學協進會認可的「超心理學（Parapsychology）」，英美不少大學都有相關課程開授，而且也有超心理學碩士與博士學位的頒授。

耶穌的這種靈療技術，其實和時下許多通靈人治病的方法一樣，並不稀奇。耶穌驅鬼，只需用一句能溝通陰陽兩界的咒語便夠了。所有被認為怪力亂神的事蹟，在「量子糾纏」得到印證之後，就統統能解釋了，所以我常說「宇宙沒有神秘，只是人類的無知」。

耶穌的超能力與真正來處

雅威：耶穌還有呼風喚雨的超能力。

呂尚：「耶穌上了船，他的門徒跟著他去。忽然，一陣暴風襲擊湖面，浪濤掩蓋了船，耶穌卻睡著了。門徒到他跟前，喊醒他說：主啊，救救我們，我們快沒命啦！耶穌回答：為甚麼這樣害怕？你們的信心太小了！於是他起來，斥責風和浪，風浪就平靜了。大家非常驚奇，彼此說：這個人究竟是誰，連風和浪都聽從他！」

雅威：「呼風喚雨」在你們心目中是不可能的，那是自然界的氣候變化，怎能用人為方法來改變呢？大局部的氣候是自然界的現象，人力是無法改變的。但是小局部的氣候，確實有一些人可以運用某種能力來左右。也許，在你們地球人的某些人心中會有同感，因為他們知道這是可以做到的事。

呂尚：在古代的傳奇小說中，不少道士有呼風喚雨的能力。一般人都視為荒誕，但我相信是真的，因為自己有那樣的經驗。所以，我絕對相信耶穌能做到。

雅威：耶穌是外星人之子，一切行動都有外星人在天空上的飛碟幫助，要風和海平靜，那是極簡單的。

呂尚：一般人總是沒有親眼看到就不相信，這種毛病到今天仍然存在大多數人心中，當時的耶穌為了使人在短時間內相信他，便行使許多神蹟，讓大家相信而得到人民的跟隨，於是開始傳播您們的真理。

雅威：又有一次，耶穌表現了科學的「反重力」技巧，使眾人相信他是上帝的兒子。

呂尚：「群眾散了以後，他獨自上山禱告；到晚上還留在那裡。這時候，船離岸已經很遠，遇著逆風，在波浪中顛簸。天快亮的時候，耶穌在湖上朝著門徒走來。門徒看見他在湖面上走，非常驚駭，說：是鬼魂！他們都害怕得叫起來。

「耶穌立刻對他們說：放心，是我，不要怕！彼得說：主啊，如果是你，叫我在水上走，到你那裡去！耶穌說：來！彼得就從船上下去，在水上朝耶穌走過去。但是他一看到風勢猛烈，心裡害怕，開始往下沉，就喊叫：主啊，救我！耶穌立刻伸手拉住他，說：你的信心太小了，為甚麼疑惑呢？他們上了船，風就停了。船上的門徒都向他下拜，說：你真是上帝的兒子。」

雅威：又是「信心」的問題。這次只是做到反重力而已，也不難的。

呂尚：有一些密宗喇嘛在打坐時，身體會浮空。而時下一些靜坐功夫很好的人，也會有浮起的現象。

雅威：這些都證明人體與自然合一之後，物質的重力因素對它不起作用，可以隨心浮起，達到天人合一境界。

因此涉水過海並不是做不到，上帝的兒子耶穌當然已達到天人合一的境界，海面與陸地只是不同成分而已。不過有一個很重要的關鍵就是「信心」，有信心就能成功，抱持懷疑就不會成功，這是最為重要的。

呂尚：還有，「禱告」也是一種心電感應的溝通方式，現代人越來越多人知道心靈力量的存在，越來越多心靈團體在引導人們瞭解宇宙和生命，這些被神學家說成「異象」的古代事實，將會讓更多人信服。

雅威：當時在空中飛碟內的我們這些外星人，都會運用心電感應得知人間的事。

呂尚：人類進入 21 世紀，已經進入「心靈科學」的時代，所以當時在空中飛碟內的你們會運用心電感應得知人間的事，也不是神奇的，所以耶穌會說：「你們禱告要這樣說：我們在天上的父，願人都尊你的名為聖。願你的國降臨，願你的旨意行在地上，如同行在天上。」

雅威：耶穌這些話已經很明白道出我們的母星球是在天上，在那個星球上有許多典章制度，如今拿到地球上來，希望施行起來如同施行在天上。有許多人認為信了天主教或基督教，就能進天國，這是錯的。

呂尚：因為耶穌說過：「凡稱呼我主啊，主啊的人，不能都進天國。惟獨遵行我天父旨意的人，才能進去。」

雅威：「遵行我天父旨意的人」，是說真正從內心相信我們 Elohim 高科技外星球存在的地球人，才會被帶到天國，不然，你不相信，我們帶你去幹嘛？「天國」就是我們的母星，不是虛幻的宗教信仰。

呂尚：所以，信任何宗教都是一樣。不是信個樣子。信佛教也是一樣，不是出家就能到西方極樂世界，唉，不能說太多。

雅威：耶穌在當年為了使傳道速度增快，便運用超能力訓練他的十二個門徒，讓他們也都具備超能力來制伏邪魔、以及醫治各種病症。另外，耶穌也告訴他們許許多多傳道的內容與方法，然後差遣十二門徒到處傳道。

為了讓眾人瞭解我們母星的狀況，耶穌便用七種比喻來說明，那就是「撒種、稗子、芥菜種、酵母、寶貝、珍珠、撒網」等。對教徒來講，這七種是「天國的比喻」。

呂尚：當時門徒也不瞭解為什麼要用這些比喻，便問耶穌。「耶穌說：因為天國的奥秘，只叫你們知道，不叫他們知道。我用比喻對他們講，是因他們看也看不見，聽也聽不見，也不明白。」

雅威：這些話雖在當時是對門徒講的，事實上也可以說是對所有基督教徒講的，因為絕大多數教徒都誤解了耶穌的原意，以至無法真正體會天國就是母星的狀況，實在可惜。「天國的奥秘」指的就是「我們星球的事物」。

呂尚：難怪耶穌會說：「我去的地方，你們不能到。猶太人說：他說我所去的地方，你們不能到，難道他要自盡嗎？耶穌對他們說：你們是從下頭來的，我是上頭來的；你們是屬於這世界的，我不是屬這世界的。」

雅威：耶穌說人類不能到的地方，指的是我們母星與地球的氣候、引力、溫度等等狀況不同，人類不穿太空衣是去不得的。

耶穌在此也極為明確道出，他不是我們地球上的人，他「是上頭來的」「不是屬這世界的」，是星際混血兒。可惜你們的神學家都無法圓滿詮釋，硬要說「天國」是信仰上的永恆國度，耶穌是「天國的人」，指的是信仰，實在是差之千里。

用分子合成方法給數千人吃飽

雅威：新約時代被傳頌最多的是耶穌用五個餅、兩條魚給五千人吃飽。

呂尚：先說五餅二魚，「耶穌對十二使徒說：你們給他們東西吃吧！他們說：我們只有五個餅和兩條魚。難道你要我們去買食物給這一大群人吃嗎？(男人的數目約有五千)，耶穌對門徒說：叫群眾一組一組地坐下來，每組約五十個人。

「門徒照他的話做了，讓群眾都坐下來。耶穌拿起五個餅和兩條魚，舉目望天，感謝上帝，然後擘開，遞給門徒，門徒就分給群眾。大家都吃，而且都吃飽了。門徒把剩下的碎屑收拾起來，裝滿了 12 個籃子。吃的人數，除了婦女和孩子，約有 5 千。」

雅威：還有一次是以 7 個餅和幾條小魚給 4 千人吃飽。

呂尚：「耶穌叫門徒來，說：我很體貼這群人；他們同我在這裏已經三天，也沒有吃的了。我不願意叫他們餓著回去，恐怕在路上暈倒。門徒說：我們在這野地，哪裏有這麼多的餅叫這許多人吃飽呢？「耶穌問：你們有多少餅？他們說：有七個，還有幾條小魚。耶穌就吩咐眾人坐在地上，拿起這七個餅和幾條魚，祝謝上帝，擘開，遞給門徒；門徒又分給眾人。眾人都吃，並且吃飽了，門徒收拾剩下的零碎，裝滿了七個筐子。吃飽的人，除了婦女孩子，共有四千。

雅威：這兩件事都提到很重要的一個舉動，就是耶穌拿著餅「舉目望天，感謝上帝」「祝謝上帝」，別人看來沒什麼，但這才是非凡事蹟的關鍵。

因為向天祝福或祝謝，就是「運用心電感應」的方法，與飛碟內的我們溝通，讓我們知道現在要做什麼事，然後，我們利用食物分子合成方法，直接制出餅和魚，源源不絕的供應給眾人。

呂尚：若不明瞭原來的意義，就無法解釋 4、5 塊餅和幾條小魚夠 4、5 千人吃的事實。也就是如此，歷來神學家只敢傳頌這是耶穌的神蹟，而無法進一步說明了。

摩西和以利亞的複製身又回來了

呂尚：〈馬太福音〉也有一段描述你們近距離接觸的生動文字。

「六天後，耶穌帶著彼得以及雅各和約翰兩兄弟悄悄地上了一座高山。在他們面前，耶穌的形像變了：他的面貌像太陽一樣明亮，衣服也像光一樣潔白。忽然，三個門徒看見摩西和以利亞在跟耶穌講話。彼得對耶穌說：主啊，我們在這裏真好！你若願意，我就在這裏搭三座帳棚，一座給你，一座給摩西，一座給以利亞。」

雅威：摩西和以利亞兩人早就在舊約時代過世了，如何出現在耶穌面前？事實上摩西和以利亞是靠我們的細胞複製的方法永生著。他們在地球上的任務完成之後，我們便帶他們回到母星。現在回到地球來告訴耶穌，讓耶穌知道任務快完成了。

呂尚：「彼得正說這話的時候，一朵燦爛的雲彩籠罩了他們；有聲音從雲中出來，說：這是我親愛的兒子，我喜愛他。你們要聽從他！門徒聽見這聲音，非常害怕，都俯伏在地上。耶穌走過來，拍他們，說：起來，不要怕！他們抬頭一看，只見耶穌，其他的人都不見了。」

雅威：這是指我們的發光太空船飛近來，懸停在空中，透過擴音器說話。摩西和以利亞返回飛碟，迅速離去。這一段記載是新約裡很寶貴的第三類接觸實跡。

呂尚：耶穌對巴約拿說：「西門巴約拿，你們有福的，因為這不是肉和血啟示了你，而是我在天之父指示的。我告訴你們。他們的使者在天上，常見我天父的面。」

雅威：很清楚說明其它太空人經常與我四見面。一切都是「在天上」，也就是我們的母星。

耶穌四次預言自己將受難

雅威：耶穌自己多次預言了將會受難以及復活的事。

呂尚：第一次是：「從那時候開始，耶穌清楚地指示門徒，說：我必須上耶路撒冷去，在長老、祭司長，和經學教師手下遭受許多苦難，並且被殺害，第三天將復活。」

雅威：我們是地球人的創造主，當然知曉一切。耶穌是我的兒子，也是我們外星人訓練出來的，當然也具有預言能力，以這一點來說明耶穌的預知力，就不至於覺得神奇了

呂尚：第二次是：「門徒都集合在加利利的時候，耶穌對他們說：人子將被交在人手裡，他們要殺害他，但第三天他將復活。門徒聽了非常憂愁。」

第三次是：「耶穌上耶路撒冷去的時候，把他的十二個門徒帶到一邊，一面走一面告訴他們：你們要知道，我們現在上耶路撒冷去，人子將被出賣給祭司長和經學教師；他們要判他死刑，然後把他交給外邦人。他們要戲弄他，鞭打他，把他釘十字架；但第三天，他將復活。」

第四次：「耶穌對門徒說：你們知道，再過兩天就是逾越節，人子將被出賣，被釘在十字架上。那時候，祭司長和民間的長老在大祭司該亞法的府邸裡聚會，一同計畫要秘密地逮捕耶穌，把他

殺死。可是他們說：『我們不可在節期中進行這事，免得激起民眾的暴動。』」

雅威：你們口中的「上帝與天使」就是來地球複製生物的我們，當然知曉耶穌的一切，他有預知力，不用覺得神奇。這種超能力是任何進化人種所具有的，未來的你們地球人也會發展到具有此種能力。

末日的時候飛碟就會降臨

呂尚：耶穌又說過：「我實在告訴你們，你們這些跟從我的人，到復興的時候，人子坐在他榮耀的寶座上，你們也要坐在十二個寶座上。」

雅威：耶穌很清楚說出我們經常出現，以及飛碟（榮耀的寶座）光臨地球的時刻，是在「復興」的時候，指的就是以色列的復興。然而，這也是世界末日的階段了。因為門徒曾問耶穌降臨和世界的末了，有什麼預兆？

呂尚：「耶穌回答他們：你們要謹慎，免得有人迷惑你們，因為將來有好些人冒我的名來說，我是基督，並且要迷惑許多人。你們也會聽到戰爭和戰爭的風聲。小心不要驚慌！因為這是必須發生的，只是末期還沒有到。民族要攻打民族，國家要攻打國家，到處有饑荒、地震。這都是災難的起頭。」

雅威：耶穌所講的事，目前都應驗了，民族間及國家間的戰爭每年都在地球上各地爆發著，饑荒也傳遍各地，瘟疫也傳遍各地，你們的地球可以說已經有末日來臨的預兆，但還不是最後的末日。

呂尚：最後的末日是這樣的：「這天國的福音要遍天下，對萬民作見證，然後末期才來到。」經文中「天國的福音」真正意思是指你們外星人的真相大公開，地球人也要全然相信，那麼人類永生的日子才會到來。

雅威：這個最後的末日不是地球的毀滅，而是指地球人的覺醒。

呂尚：「那些災難的日子一過去，太陽就要變黑，月亮不再發光，星星從天上墜落，太空的系統也都要搖動。那時候，人子來臨的記號要在天際出現。地上萬族萬民都要哀哭；他們要看見人子充滿著能力和榮耀駕著天上的雲降臨。」

雅威：災難過去之後，我們會駕著大把的發光飛碟降臨，挑選全然相信我們的地球人，帶到我們的母星去複製，過著永生歡樂的生活。

呂尚：「在人子作王、天使跟他一起來臨的時候，他要坐在榮耀的寶座上；地上萬民都要聚集在他面前。他要把他們分為兩群，然後，王要對在他右邊的人說：蒙我父親賜福的人哪，你們來吧！來承受從創世以來就為你們預備的國度。」

雅威：「預備的國度」就是指我們母星球上，專為地球移民設置的居住專區。

呂尚：耶穌早就說過了，只是教會看不懂：「耶穌說：你們信神，也當信我，在我父的家裡，有許多住處，若是沒有，我就早已告訴你們了。我去是為你們預備地方。我若去為你們預備地方，就必再來接你們到我那裡去。我在那裡，叫你們也在那裡。」

雅威：耶穌說「我去是為你們預備地方」「必再來接你們到我那裡去」，說明了一件科學事實，這就是未來的「星球移民」，不是宗教信仰。所以聖經裡，耶穌會說：「我就是道路、真理、生命。」

這句話的真正意思是：耶穌在世所揭示的一切，就是通往我們母星的方法（道路），而這一切都是確實的事（真理），只有用複製的方法才真正能使人得到永生（生命）。

呂尚：哎呀，原來如此。我相信所有傳教人士解釋這句話，都偏離了。

是天使告訴大家耶穌復活了

雅威：耶穌傳了 3 年半的外星真相，就被釘在十字架上。

呂尚：在四部福音書裡面都有記錄耶穌死亡當時的狀況，但有些微文字差異，我就整合成這樣：「耶穌大聲喊著說：以利、以利、拉馬撒巴各大尼。就是說父啊、父啊，我將我的靈魂交在你手裡。說了這話，氣就斷了。

「忽然殿裡的幔子，從上到下裂為兩半，地也震動，磐石也崩裂，墳墓也開了。對面站著的百夫長、看見耶穌這樣喊叫斷氣就說：『這人真是神的兒子。』」

雅威：耶穌死後到復活的一些記錄值得探討。

呂尚：是的，〈馬太福音〉是這樣寫的：

「有好些婦女在那裡，遠遠的觀看，他們是從加利利跟隨耶穌來服事他的，內中有抹大拉的馬利亞，又有雅各和約西的母親馬利亞，並有西庇太兩個兒子的母親。

「到了晚上，有一個財主名叫約瑟，是亞利馬太來的，他也是耶穌的門徒。這人去見彼拉多，求耶穌的身體。彼拉多就吩咐給他。約瑟取了身體，用乾淨細麻布裹好，安放在自己的新墳墓裡，就是他鑿在磐石裡的，他又把大石頭輥到墓門口，就去了。

「有抹大拉的馬利亞，和那個馬利亞在那裡，對著墳墓坐著。次日，就是豫備日的第二天，祭司長和法利賽人聚集，來見彼拉多說：大人，我們記得那誘惑人的，還活著的時候，曾說三日後我要復活。因此，請吩咐人將墳墓把守妥當，直到第三日，恐怕他的門徒來把他偷了去，就告訴百姓說，他從死裡復活了，這樣那後來的迷惑，比先前的更利害了。

「彼拉多說，你們有看守的兵，去罷，盡你們所能的，把守妥當。他們就帶著看守的兵同去，封了石頭，將墳墓把守妥當。

「安息日將盡，七日的頭一日，天快亮的時候，抹大拉的馬利亞和那個馬利亞，來看墳墓。忽然地大震動。因為有主的使者從天上下來，把石頭輥開，坐在上面。他的像貌如同閃電，衣服潔白如雪。看守的人就因他嚇得渾身亂戰，甚至和死人一樣。天使對婦女說：不要害怕，我知道你們是尋找那釘十字架的耶穌，他不在這裡，照他所說的已經復活了，你們來看安放主的地方。快去告訴他的門徒說，他從死裡復活了，並且在你們以先往加利利去，在那裡你們要見他。看哪，我已經告訴你們了。婦女們就急忙離開墳墓，又害怕，又大大的歡喜，跑去要報給他的門徒。」

〈路加福音〉是這樣寫的：

「七日的第一日，黎明的時候，那些婦女帶著所豫備的香料，來到墳墓前。看見石頭已經從墳墓輥開了，他們就進去，只是不見主耶穌的身體。正在猜疑之間，忽然有兩個人站在旁邊，衣服放光。婦女們驚怕，將臉伏地，那兩個人就對他們說，為甚麼在死人中找活人呢。他不在這裡，已經復活了，當紀念他還在加利利的時候，怎樣告訴你們說，人子必須被交在罪人手裡，釘在十字架上，第三日復活。

「他們就想起耶穌的話來，便從墳墓那裡回去，把這一切事告訴十一個使徒和其餘的人。那告訴使徒的，就是抹大拉的馬利亞和約亞拿，並雅各的母親馬利亞，還有與他們在一處的婦女。他們這些話，使徒以為是胡言，就不相信。彼得起來，跑到墳墓前，低頭往裡看，見細麻布獨在一處，就回去了，心裡希奇所成的事。」

雅威：你不厭其煩的列出，很用心很好。我們來看裡面一些文字，不僅描述復活時所出現的種種異象，如「地大震動、主的使者從天上下來、像貌如同閃電、衣服潔白如雪、衣服放光」等，已經明白告訴我們不是耶穌自己復活，而是駕駛飛碟降落那些身穿白色太空衣的的太空人所做的。

呂尚：我注意到，更重要的是二段都提到「抹大拉的馬利亞，又有雅各和約西的母親馬利亞，並有西庇太兩個兒子的母親」及「抹大拉的馬利亞，和約亞拿，並雅各的母親馬利亞」，可以歸納出三位婦女，即住在抹大拉的馬利亞、也叫馬利亞的雅各母親、另一位婦女。

若是依照教會的信仰，耶穌的門徒和祂關係最密切，在耶穌被釘在十字架之後，屍體放在墳墓裡，守護的應該是十一門徒才對。

是天使告訴大家耶穌復活了

可是，為何新約這二個福音都沒有提到門徒守著墓，反而是三位婦女守靈。而這三位是跟隨著耶穌來服事祂的婦女。

雅威：你可以研究，就會發現其中有不尋常的真相，足以顛覆 2 千年來的基督教信仰。

抹大拉的馬利亞就是耶穌的妻子

呂尚：我一向不相信教會將「抹大拉的馬利亞」描寫為妓女，想想，為何耶穌會讓一位妓女來服事？事實上「抹大拉的馬利亞」是耶穌最親密的人。所以耶穌死後被放在墳墓裡，尚未復活的日子，耶穌的十一個門徒都沒有為祂守靈，守靈的就是最親近的抹大拉的馬利亞等三人。

而且是外星人第一手先告訴她們耶穌復活的事情，再由她們進城去轉告門徒。可見抹大拉的馬利亞是耶穌最親密的人。而另外二位婦女則是幫忙抹大拉的馬利亞的好友。在此，我要道出真相：

（來源：米蘭天主教堂，達芬奇畫）

抹大拉的馬利亞就是耶穌的妻子！

在「最後的晚餐」那幅圖裡，坐在耶穌右邊那一位就是抹大拉的馬利亞。

雅威：你們地球人應該以全新的視界來看聖經，才會有正確的觀點。

呂尚：我看過一個報導，美國哈佛大學神學院基督教史專家金恩（Karen King），於 2015 年 2 月 18 日在義大利羅馬一個會議中提出，早前有私人收藏家請她翻譯一片古老莎草紙文獻內容，結果發現，其中竟記述了當門徒們談論「抹大拉的馬利亞」是否值得敬重時，耶穌稱馬利亞為「我妻子」，還說「我跟她同住」。

金恩表示，這份文獻是早期基督教文本的可能性極高，相信是抄自寫於 2 世紀下半期的一部稱為〈耶穌妻子福音（The Gospel of Jesus' Wife）〉。

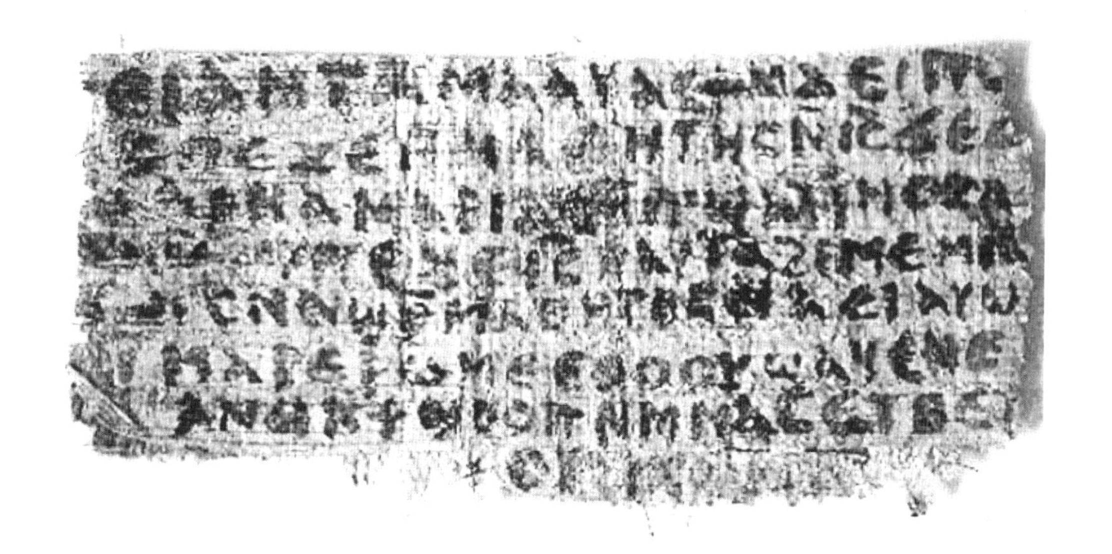

雅威：會有越來越多的古老版本文獻出土，你們就能知道更多事實。

呂尚：十一個門徒聽到抹大拉的馬利亞告訴他們耶穌復活的事，還以為是胡言。後來才知道是真的。便到了耶穌和他們約定的山上去，耶穌在那裡向他們顯現，他們一見到耶穌，就都向他下拜。

可是還有人心裡疑惑，耶穌便走近他們，對他們說，「天上地下所有的權柄，都賜給我了，所以你們要去，使萬民作我的門徒，奉父子聖靈的名，給他們施洗。凡我所吩咐你們的，都教訓他們遵守我就常與你們同在，直到世界的末了。」

雅威：耶穌和他們說完了話，就被飛碟接到天上，坐在我耶和華的右邊。

呂尚：是的，〈路加福音〉就是這樣寫的：「他就離開他們，被帶到天上去了。」由此可知，耶穌是搭飛碟回到上帝你們的星球，而在復興的日子，他是會回來的。

雅威：〈使徒行傳〉已記錄了這件事。

呂尚：使徒們跟耶穌聚集的時候，問耶穌：主啊，你是不是要在這時候恢復以色列國的主權？耶穌對他們說：那時間和日期是我父親憑著自己的權柄定下的，不是你們應該知道的。可是聖靈臨到你們的時候，你們會充滿著能力，要在耶路撒冷、猶太，和撒馬利亞全境，甚至到天涯海角，為我作見證。

「說完了這話，耶穌在他們的注視中被接升天；有一朵雲彩把他們的視線遮住了。他離去的時候，他們正定睛望著天空。

「忽然，有兩個穿著白衣的人站在他們旁邊，說：加利利人哪，為甚麼站在這裏望著天空呢？這位離開你們、被接升天的耶穌，你們看見他怎樣升天，他也要怎樣回來。」

這些段落多次出現「被接升天」，是由「一朵雲彩」把他接上去。也只有用「飛碟」來解釋，不然自然界的「雲」如何接人上天的？這個聖經的記錄實在非常明確。何庸懷疑？

不過，我也有宇宙高靈智者的信息，說被釘在十字架上的不是耶穌，而是他的弟弟。

雅威：這又有非常值得你們重新探討人類文明發展的顛覆性內容了。在此不表，不過，在此我透露一點點，如果耶穌有三位呢，你可以好好研究，這是將來你要寫的任務。

呂尚：怎麼又是我的任務？不要呀！我不想接此任務，地球人腦筋已經被鈍化了，尤其是信教的人，而且人人都為生活忙碌困苦，都躺平了，不會接受新觀念的。

不過，您說耶穌有三位，不是吧，真是如此的話，聖經宗教團體會撞牆了，怎麼回事？

雅威：哈哈，你就當做一個議題，心血來潮時可以研究研究，一切隨緣。

呂尚：不行不行，整個基督教天主教猶太教會來找我麻煩。不能做。您老不要害我了。

雅威：哈哈，好的好的。

啟示錄前面的經文也都充滿飛碟記錄

雅威：〈使徒行傳〉是耶穌升天以後，其門徒在各地所行所教的事蹟，也可以說是初興的教會在上帝的指引下的發展史，因此聖若望稱這一部分為「聖神的福音」，明白指出是來自上帝的訊息。那時我們在接回耶穌之後，仍有一些太空人留在地球上做指引的工作。

呂尚：以下是一些〈使徒行傳〉中有關你們太空人的記錄。「五旬節那一天，信徒都聚集在一個地方。忽然有聲音從天上下來，彷彿一陣大風颳過的聲音，充滿了他們坐著的整個屋子。他們又看見形狀像火燄的舌頭，散開，停落在每一個人身上。他們都被聖靈充滿，照著聖靈所賜的才能開始說起別種語言來。」

雅威：五旬節是猶太人的收穫節，當天正是耶穌復活後第 50 天，聖教會正式成立，我們的太空人知曉此事，便駕飛碟飛來，再放出許多小偵測器，停在各人頭頂上方，發著光，照耀著眾人，再透過偵測器的翻譯裝置，使眾人說出外國話。

呂尚：現在也有手機翻譯 APP，可以「說起別種語言」，很方便的。接著：「司提反被聖靈充滿，舉目望天，看見上帝的榮耀，又看見耶穌站在上帝的右邊，就說：我看見天門開了，人子站在上帝的右邊！

「掃羅在往大馬士革去的途中，快到城裡的時候，忽然有一道光從天上下來，四面照射著他。他僕倒在地上，聽見有聲音對他說：掃羅，掃羅！你為甚麼迫害我？他就問：主啊，你是誰？那聲音回答：我就是你所迫害的耶穌。起來，進城裡去，有人會把你所該做的事告訴你。」

雅威：很明顯的，這是二次白天發強光飛碟出現的紀錄，使原本迫害基督徒的保羅（掃羅）一變而為耶穌的門徒。

呂尚：「約在中午，彼得到屋頂上禱告。他餓了，想吃東西。那家人在預備午飯的時候，他得了一個異象，看見天開了，有一件東西降下來，好像一大塊布，布的四角綁住，縋到地上，裏面有地上的各種飛禽走獸，又有爬蟲。

「有聲音對他說：彼得，起來，宰了吃！可是彼得說：主啊，絕對不可！我從來沒有吃過任何污穢不潔的東西。那聲音第二次對他說：上帝認為潔淨的，你不可當作污穢。這樣一連三次，那件東西就被收回天上去了。」

雅威：這個異象又是「天開了」，聖經裡有很多此種描述，其實就是指發光飛碟破雲而降下來。由這段話，有沒有看出上帝也需要吃東西，可見，我們並不是宗教信仰上的神，而是真正的外星高科技人類。

呂尚：「希律要把彼得提出來公審的前一夜，彼得睡在兩名警衛中間，有兩條鐵鍊鎖住他，門外又有警衛把守著。忽然，有主的一位天使站在那裡；有一道光射進牢房。天使拍一拍彼得的肩膀，把他叫醒了，說：快點起來！那鐵鍊立刻從彼得手上掉下。

「天使對他說：繫上帶子，把鞋子穿好。彼得照他的話做了。天使又說：披上外衣，跟我來。彼得跟著他走出監獄，卻不知道天使所做的是真有其事，以為是看見了異象。」

雅威：這是我的太空人駕小型飛碟來救彼得出希律王的監獄。

呂尚：在此搜集一下聖經裡其它篇章用「榮光、密雲、雲彩」等字眼描述的東西，其實現代人一眼就能看出是發光或是不發光的飛碟。

〈出 16:10〉亞倫正對以色列全會眾說話的時候，他們向曠野觀看，不料，上帝的榮光在雲中顯現。

〈出 19:9〉上帝對摩西說：我要在密雲中臨到你那裡。

〈出 19:16〉到了第三天早晨，在山上有雷轟、閃電，和密雲，並且角聲甚大，營中的百姓盡都發顫。

〈出 24:15〉摩西上山，有雲彩把山遮蓋。

〈出 24:16〉上帝的榮耀停於西乃山；雲彩遮蓋山六天，第七天他從雲中召摩西。

〈出 40:34〉當時，雲彩遮蓋會幕，上帝的榮光就充滿了帳幕。

〈出 40:36〉每逢雲彩從帳幕收上去，以色列人就起程前往。

〈出 40:38〉日間，上帝的雲彩是在帳幕以上；夜間，雲中有火，在以色列全家的眼前。在他們所行的路上都是這樣。

〈利 9:6〉摩西說：上帝的榮光就要向你們顯現。

〈利 9:23〉摩西、亞倫進入會幕，又出來為百姓祝福，上帝的榮光就向眾民顯現。

〈民 20:6〉摩西、亞倫離開會眾，到會幕門口，俯伏在地；上帝的榮光向他們顯現。

〈申 4:11〉那時你們近前來，站在山下；山上有火焰沖天，並有昏黑、密雲、幽暗。

〈申 5:24〉說：看哪，上帝我們神將他的榮光和他的大能顯給我們看，我們又聽見他的聲音從火中出來。

〈伯 22:14〉密雲將他遮蓋，使他不能看見；他周遊穹蒼。

〈伯 36:29〉誰能明白雲彩如何鋪張，和神行宮的雷聲呢？

〈伯 37:16〉雲彩如何浮於空中，那知識全備者奇妙的作為，你知道嗎？

〈伯 38:37〉誰能用智慧數算雲彩呢？

〈代下 5:14〉甚至祭司不能站立供職，因為上帝的榮光充滿了神的殿。

〈代下 7:1〉所羅門祈禱已畢，就有火從天上降下來，燒盡燔祭和別的祭。上帝的榮光充滿了殿。

〈代下 7:2〉因上帝的榮光充滿了殿，所以祭司不能進殿。

〈代下 7:3〉那火降下，上帝的榮光在殿上的時候，以色列眾人看見，就在鋪石地俯伏叩拜。

〈賽 2:21〉人好進入磐石洞中和巖石穴裡，躲避上帝的驚嚇和他威嚴的榮光。

〈結 10:3〉那人進去的時候，基路伯站在殿的右邊，雲彩充滿了內院。

〈結 10:4〉上帝的榮耀從基路伯那裡上升，停在門檻以上；殿內滿了雲彩，院宇也被上帝榮耀的光輝充滿。

〈結 43:2〉以色列神的榮光從東而來。他的聲音如同多水的聲音；地就因他的榮耀發光。

〈結 43:4〉上帝的榮光從朝東的門照入殿中。

〈結 43:5〉靈將我舉起，帶入內院，不料，上帝的榮光充滿了殿。

〈路 2:9〉有主的使者站在他們旁邊，主的榮光四面照著他們；牧羊的人就甚懼怕。

〈路 9:31〉他們在榮光裡顯現，談論耶穌去世的事。

〈路 9:32〉彼得和他的同伴都打盹，既清醒了，就看見耶穌的榮光，並同他站著的那兩個人。

〈約 1:14〉我們也見過他的榮光，正是父獨生子的榮光。

〈林前 15:40〉有天上的形體，也有地上的形體；但天上形體的榮光是一樣，地上形體的榮光又是一樣。

〈帖後 2:8〉那時這不法的人必顯露出來。主耶穌要用口中的氣滅絕他，用降臨的榮光廢掉他。

〈彼後 1:17〉他從父神得尊貴榮耀的時候，從極大榮光之中有聲音出來，向他說：這是我的愛子，我所喜悅的。

〈詩 78:14〉他白日用雲彩，終夜用火光引導他們。

〈詩 105:39〉他鋪張雲彩當遮蓋，夜間使火光照。

〈太 17:5〉說話之間，忽然有一朵光明的雲彩遮蓋他們，且有聲音從雲彩裡出來，說：這是我的愛子，我所喜悅的。你們要聽他！

〈可 9:7〉有一朵雲彩來遮蓋他們；也有聲音從雲彩裡出來，說：這是我的愛子，你們要聽他。

〈路 9:34〉說這話的時候，有一朵雲彩來遮蓋他們；他們進入雲彩裡就懼怕。

〈路 9:35〉有聲音從雲彩裡出來，說：這是我的兒子，我所揀選的，你們要聽他。

〈徒 1:9〉說了這話，他們正看的時候，他就被取上升，有一朵雲彩把他接去，便看不見他了。

〈啟 10:1〉我又看見另有一位大力的天使從天降下，披著雲彩，頭上有虹，臉面像日頭，兩腳像火柱。

看完這些，讀者一定驚訝「這麼多」，其實還有更多無法一一記載，因為在不同篇章裡面，描述相同事件的，我只採用一句而已，沒有全部採用，以免占太多篇幅。所以，還有什麼不信呢？

啟示錄的真相

呂尚：我認為聖經裡最精彩又最令人迷惑的經文就是《啟示錄》。歷來許許多多研究者投入心血來研究其中的隱喻。迄至目前，歷來講解啟示錄的人都覺得相當困難，仍然沒有完整正確的詮釋。

雅威：《啟示錄》是耶穌說給先知約翰聽的末世會發生的事情，很多是以神秘的異象、比喻和象徵寫出的，你們地球人想搞懂，真的很難。

呂尚：在教徒的心目中《啟示錄》所載的預言是可信而真實的，但在未實現之前實在難以明瞭，何況大部分的預言都要在末世的時候才能實現。

《啟示錄》分為三部份，一是以神視（異象）做為引論，接著是給七個教會的書信；第二部份詳述有關末世的異象，分為七印、七號角、七異兆、七金盂、以及基督與大巴比倫的戰爭；第三部份記述基督與教會的最後勝利。

雅威：《啟示錄》是我們透過耶穌想告訴地球人類未來會發生的事，我給耶穌這些啟示，要他把短期內必定發生的事指示給大家。約翰所描述的啟示景象，都是我們透過科技的影像處理而看見的，由於以前你們地球人的科技還沒有到達電視、視訊、影像處理的地步，所以教會人士完全不瞭解啟示錄所記之事，只認為是極大的神跡。

整篇「啟示錄」所記載的，事實上是我們外星人給約翰所看的未來景象，那是運用時光控制的方法。

呂尚：很多人在研究啟示錄，各有不同的解讀。有人從占星術的眼光來看，認為啟示錄並不是世界末日，而是雙魚座時代的結束，寶瓶座時代的開始，和新時代運動思潮有默合之處。我比較相信這個說法，末日不是真正毀滅的末日，而是舊思潮的末日，新思潮的開始。

根據考證，《啟示錄》寫作時間約在西元96年，可見那個時候，你們的太空人仍時常往來地球，而做了這些留下未來事蹟預言之後，便全部返回你們的星球了。

雅威：沒錯。現在你就一一呈現約翰所描述的景象。我來說明。

呂尚：首先我們來看約翰的第三類接觸場景：「我是約翰—你們的弟兄。我在耶穌裡跟你們分擔患難，一同忍耐，也要分享他的主權。為了傳揚上帝的道，和耶穌所啟示的真理，我曾被囚禁在名叫拔摩的海島上。

「有一個主日，聖靈支配著我，我聽見了一個大聲音，好像吹號的響聲，在我背後向我說：把你所看見的寫下來，然後把這書卷寄給以弗所、士每拿、別迦摩、推雅推喇、撒狄、非拉鐵非、老底嘉七個教會。」

雅威：這是指約翰在一個星期天，被太空人透過心電感應的方法，聽見擴音器出來的聲音跟他說話。

呂尚：「我轉身要看誰在向我說話，我看見了七個金燈檯。燈檯中間有一位像人子的，站在那裡，身上穿垂到腳跟的長袍，胸前系著金帶。他的頭髮像雪，也像羊毛一樣的潔白；他的眼睛像火焰那樣閃耀；他的腳像經過鍛煉又擦亮了的銅那樣明亮；他的聲音彷佛大瀑布的響聲。他右手拿著七顆星，口中吐出一把雙刃鋒利的劍；他的臉像正午的陽光。」

雅威：約翰看到了七個金光閃閃的外星太空船及耶穌，身穿白色太空衣，整個頭盔都是白色的，腰上是金色皮帶，頭盔上有照明用的燈，腳上穿著銅色厚底鞋，右手拿著的是閃著燈的通話器，「口中吐出一把雙刃鋒利的劍」是後代抄寫人加上去的，沒有這一句。

呂尚：「我一看見他，就僕倒在他腳前，像死人一般。他用右手按著我，說：不要怕！我是開始，也是終結。我是永存者！我曾經死過，現在活著，而且要永遠活著。我掌握著死亡和陰間的鑰匙。你要把所看見的，無論是現在還是將來要發生的事，都寫下來。」

雅威：耶穌告訴約翰他自己的身分，並且明白表示只要用複製方法是可以「永遠活著」。耶穌交待約翰要把所見所聞寫下來。

呂尚：「接著，我得到另一個異象，看見天上有開著的門。我從前聽見的那好像吹號的聲音又對我說：你上這裡來，我要指示你以後必定發生的事。立刻，聖靈支配著我。我看見天上有一個寶座；有一位坐在寶座上。」

雅威：這是指約翰又看到盤旋在半空中的太空船的門打開了，聽到太空人透過擴音器的聲音要他上去，於是他就被引力束吸了上去，進入飛碟內部，看到一個重要的位子上坐著一個人。

呂尚：「他的面貌像碧玉和紅玉髓一樣閃耀。寶座四周有彩虹圍繞著，顏色像翡翠。寶座周圍有 24 個座位，上面坐著 24 個長老，身上穿著白袍，頭上戴著金冠。從寶座發出閃電、響聲，和雷轟。有 7 枝點燃著的火把在寶座前；那就是上帝的 7 個靈。」

雅威：所有的寶座都是指閃爍著不同顏色的儀錶板上的燈光。24 位長老事實上是我們地位最崇高的永生議會委員。他們是專程到地球評估整個創造生命事蹟的外星大人物。

呂尚：「寶座前有一片像水晶一樣光潔的玻璃海。寶座的四邊有四個活物，前後都長滿了眼睛。」

雅威：「玻璃海」就是大螢幕，活物長滿眼睛是指燈光閃爍的儀錶板。太空人操作飛碟內部儀錶，將歷史上重要事件的紀錄片一幕一幕放映給約翰看。

呂尚：「我看見羔羊揭開七印的第一個印。那時候，我聽見四活物中的一個發出好像雷轟的響聲，我看見一匹白馬；那騎馬的拿著弓，接受了所賜給他的冠冕，就出發征戰，得勝又得勝。」

雅威：這是著名的「七印」，就是當時人類史上重要的七件事。「第一匹白馬」指的是我們在地球上展開工作。

呂尚：「揭開第二個印的時候，於是另一匹馬出來，是紅色的。那騎馬的得了權，使地上發生爭戰，人與人互相殘殺；他又接受了一把大劍。」

雅威：紅馬象徵戰爭，有人類就有戰爭，不斷戰爭，使人口不致增加太快。

呂尚：「揭開第三個印的時候，我看見一匹黑馬；那騎馬的手中拿著一個天平。」

雅威：黑馬代表饑荒，在人類問題解決之前，會有很多人因饑荒而死。

呂尚：「揭開第四個印的時候，我看見一匹灰色的馬；那騎馬的名叫死亡，陰間緊跟著他。他們得了權，管轄四分之一的土地，要用戰爭、饑荒、瘟疫，和地上的野獸殺人。」

雅威：灰馬指大傳染病，會讓地球上四分之一人口死亡。

呂尚：「揭開第五個印的時候，我看見在祭壇下有那些曾經為了傳揚上帝的道、忠心作證而被殺的人的靈魂。他們高聲呼喊：神聖而信實的主宰啊！甚麼時候你才審判地上的人、為我們所流的血伸冤呢？於是，他們每一個人接受了一件白袍，又聽見有話吩咐他們，要他們再歇一會兒，等到跟他們一同事奉主的人和信徒們也像他們一樣被殺，數目湊滿了的時候。」

雅威：這是指我們太空人要拯救地球人到我們母星之前，所需作的優生選擇事情。

呂尚：「我又看見羔羊揭開了第六個印。那時候，大地劇烈地震動；太陽變黑，好像一塊黑麻布；月亮整個變為紅色，像血一般；星星從天空墜落在地上，好像還沒有成熟的無花果被暴風從樹上吹落一樣。天空像書卷被卷起來，不見了；山嶺和海島從原處被移開。」

雅威：第六印是人類最大且最後的危險，就是核子戰爭，所謂「大地劇烈地震動」是指核子彈爆炸。「太陽變黑、月亮變紅」指的是核子雲籠罩天空；「星星從天空墜落在地上」是指炸上天空的燃燒東西紛紛落下來；「天空像書卷被卷起來」指爆炸的蕈狀雲上卷，遮住整個天空；此種大爆炸也產生地殼的移動。

呂尚：「後來，我看見四個天使站在地的四極，擋住地上四面的風，不使風吹在地上、海上，或樹上。我又看見另外一個天使，捧著永生上帝的印，從東方上來。他高聲向那領受了上帝所賜權柄、能夠破壞地和海的四個天使呼喊：『不要傷害地、海，或樹木，等我們在上帝僕人的額上先蓋了印。』」

雅威：後來約翰看到四位太空人分別在四個方位偵測核子爆炸後的情景。又看到一位太空人交待要「在上帝僕人的額上先蓋了印」，這是非常重要的事情，有額頭印記的人就是我們要檢選帶回母星球的人。

這個「額上蓋印」的儀式被你們留傳下來，你們有些教團用手掌心在額頭上一按，稱為「印心」，就有此意。只是你們沒有真正知道本意。

呂尚：「後來，我一看，看見一大群人，數目難以計算。他們是從各國家、各部落、各民族、各語言來的，都站在寶座和羔羊面前，穿著白袍，手上拿著棕樹枝。他們高聲呼喊：救恩是從坐在寶座上、我們的上帝和羔羊來的！所有的天使都站在寶座、長老，和四活物的周圍。他們在寶座前俯伏地上，敬拜上帝。」

雅威：約翰看到核子爆炸後殘存的人從四面八方湧向飛碟懸停的地方。所有的太空人都聚集在一起。

呂尚：「揭開第七個印的時候，天上寂靜無聲，約半小時。然後，我看見站在上帝面前的七個天使；他們接受了七枝號筒。」

雅威：第七印開始描述地球末日的情景，所以氣氛凝重，寂靜半小時。約翰看見我拿給七位太空人七枝號筒，「號筒」事實上是指影像遙控器。因為我不再親自操作電視螢幕給約翰看，改由七位太空人輪流操作給約翰看。

呂尚：「第一個天使一吹號，有冰雹和火，攙著血，傾倒在地上。於是地的三分之一，樹木的三分之一，都燒掉了；所有的青草也都燒掉了。」

雅威：第一位太空人操作影像遙控器，螢幕（玻璃海）上顯現出核戰武器落到地面上，整個地表有三分之一燒了起來。

呂尚：「第二個天使一吹號，有一座看來像著了火的大山被扔到海中。海的三分之一變成了血，海中的生物死了三分之一，船隻也損壞了三分之一。」

雅威：第二位太空人操作儀器，顯現出核子彈引起了火山爆發，熔岩噴向海面，使海中生物死三分之一，船隻也損壞三分之一。

呂尚：「第三個天使一吹號，有一顆大星，像燃燒著的火把一樣，從天上墜下來，掉在三分之一的河流和一切的水源上。於是水的三分之一變苦了。因為水變苦，許多人喝了這水都死了。」

雅威：第三位太空人操作儀器，顯現出飛彈從天上掉落下來，把飲水都污染變苦，喝這種水的人都死了。

呂尚：「第四個天使一吹號，太陽的三分之一、月亮的三分之一，和星辰的三分之一都被襲擊。於是太陽、月亮、星辰失去了三分之一的光輝；白天的三分之一沒有光，夜晚的三分之一也沒有光。」

雅威：第四位太空人操作儀器，顯現出由於大量爆炸，空中到處都是濃厚的灰塵，遮蓋了天空，使太陽、月亮、星辰陰暗下來，亮度只有正常的三分之二。

呂尚：「第五個天使一吹號，我看見一顆星從天空墜下來，掉在地上。這星接受了無底深淵的鑰匙。它開了無底的深淵，裡面就冒煙，好像從大火爐冒出來的；太陽和天空都因深淵冒出來的煙而變為昏暗。」

雅威：第五位太空人操作儀器，顯現出核子彈掉落地面，爆出無底深淵的大坑，冒出蕈狀雲，使整個天空都昏暗了。

呂尚：「有蝗蟲從煙裡出來，落在地上；牠們接受能力，像地上的蠍子所有的能力一樣。牠們奉命不可傷害地上的草、樹木，或其他的植物，只可傷害那些額上沒有蓋著上帝的印的人。蝗蟲無權殺死這些人，只可使他們受痛苦五個月。這種痛苦就像人被蠍子刺傷一樣。在這五個月中，他們求死不得，想死卻死不了。」

雅威：「蝗蟲」就是小飛機，它們穿過爆炸的煙塵，降落在地面上，裡面的太空人知道只能傷害額頭沒有印記的人，因為那不是他們檢選的人。這些人不會立即死掉，而是受傷痛苦五個月。求死不得，想死卻死不了。

呂尚：「第六個天使一吹號，我聽見有聲音從上帝面前那金祭壇的四角發出。這聲音對吹號的第六個天使說：把那關在幼發拉底大河的四個天使放出來！那四個天使就被釋放了。他們早就被安排好，要在此年、此月、此日、此時殺滅全人類的三分之一。我聽說騎兵隊的數目有兩億。」

雅威：第六位太空人操作儀器，約翰聽見我的飛碟的四個角落裝的擴音器發出聲音，交待第六位太空人放出另外四位有特殊任務的太空人，他們要毀滅三分之一人類。

呂尚：「在異象中，我看見了那些馬和騎兵。騎兵的護胸甲紅得像火，藍得像藍寶石，黃得像硫磺。馬的頭像獅子的頭，從牠們口中有火、煙，和硫磺噴出來。人類的三分之一被馬口中所噴出的火、煙，和硫磺三樣災害所殺滅。」

雅威：這些都是飛機的描述，駕駛飛機的人周圍有一大堆不同顏色的儀錶。「馬頭」指噴射機的引擎口，從那兒冒出火與煙，尾巴指的是機翼下的飛彈。

呂尚：「我又看見一個大力的天使從天下降。他披著雲彩，頭的上面有一條彩虹；他的臉像太陽，腿像火柱。他手上拿著展開著的小書卷。他的右腳踏在海上，左腳踏在地上。他高聲呼喊，好像獅子吼叫；他一呼喊就有七個雷發出迴響。

「我正要把七個雷所說的話寫下來，有聲音從天上來，說：七個雷所說的話，你要嚴守秘密，不可記錄！這事以後，我所見過站在海上和地上的那天使向天舉起右手，指著那創造天、地、海，和其中萬物的永生上帝發誓說：不會再遲延了！第七個天使吹號的時候，上帝就要實現他向自己的僕人——先知們宣告過的奧秘。」

雅威：約翰正要記錄這一段時，我要他守密不可記錄，否則，你們就會知曉末日時候會發生一些什麼事情了。

呂尚：「後來，我聽見先前從天上來的聲音又對我說：你去，把站在海上和地上那天使手裡展開著的書卷拿來。我走過去，請那天使把小書卷給我。他對我說：拿去，吞下！你的肚子會感覺到苦，嘴裡卻像蜜一樣的甜。我從他手上把小書卷拿過來，吃了，嘴裡果然甘甜像蜜一樣，可是等我把它吞下去，肚子就真的感覺到苦。」

雅威：吞下書卷是一種「速食知識」的描述，這是我們已經發展出來的技術，任何人可以用吞食方法就立即獲得該有的知識。啟示錄裡還有很多毀滅聖城的紀錄，可以看成是當今的中東戰爭。

呂尚：「第七個天使一吹號，……這時候，上帝在天上的聖殿開了；他的約櫃在殿裡出現。接著有閃電、雷轟、響聲、地震，和大冰雹。」

雅威：這表示地球末日時，我們重臨地球的情景，那時世上的人都會因此此而相信我們外星人的存在。

呂尚：「後來，天上發生了戰爭。米迦勒和他的天使對戾龍作戰，戾龍和牠的使者也起來應戰。但是，戾龍被擊敗了；牠和牠的使者不得再留在天上。於是，那條大戾龍被摔下來。」

雅威：「米迦勒和他的天使」與「戾龍」都是我們太空人的飛碟，此時他們發生意見相反的爭戰，自己人打了起來，結果是反對派失敗了，他們被放逐在地球上，不可以回到母星球（天上）。

接下來約翰看到的各種「獸」都是指不同的殺戮的工具，如從海裡上來的七頭獸是潛水艇，兩角的地上獸是戰車。

呂尚：「接著，我看見一隻獸從海裡上來。牠長著十個角和七個頭，每一個角上戴著王冠。我又看見另一隻獸從地裡出來。牠有兩個角，像羊的角，可是說話像戾龍。」

雅威：約翰又看見另一架飛碟，這位太空人的任務是要向世人宣佈真相。

呂尚：「我又看見另一個天使在空中飛著；他有永恆的福音要向世上各國家、各部落、各民族，和說各種語言的人宣佈。」

雅威：在整部啟示錄中充滿飛碟的描述以及太空人的穿著，如「白雲」「神秘的景象」「光潔的麻紗衣服」等。

呂尚：「我再看，看見一片白雲，雲上坐著一位彷彿人子的，頭上戴著金冠，手裡拿著鋒利的鐮刀。我又看見天上有另一個神秘的景象，又大又奇。有七個天使掌管著最後的七種災難，因為上帝要在這些災難中貫徹他的忿怒。

「我又看見一片好像玻璃的海，攙雜著火。我也看見一些人；他們已經勝過了那獸、獸像，和以數字代表名字的那人。他們都站在玻璃海邊，拿著上帝給他們的豎琴。那掌管七種災難的七個天使從聖殿裡出來，穿著光潔的麻紗衣服，胸前系著金帶。」

雅威：約翰接著看到有史以來最大的核子爆炸，引起的毀滅是將大城巴比倫裂為三段、各國城市都倒塌、所有的島嶼都不見、所有的山嶺也消失。約翰的描述相當驚人。

呂尚：「第七個天使把他那一碗倒在空中。有大聲音從聖殿的寶座上發出，說：成了！於是有閃電、響聲、雷轟，和可怕的地震。自從地上有人類以來，沒有過這樣劇烈的地震。那大城巴比倫裂為三段；各國的城市也都倒塌了。所有的島嶼都不見了；所有的山嶺也消失了。從天上有大冰雹掉落在人身上，每一塊重約四十公斤。」

雅威：接著約翰又看見許多景象，最後他看到壯大的空中場面，結束了壯大的毀滅局勢。

呂尚：「我看見天開了。看哪，有一匹白馬，騎馬的那位稱為真實和可靠；他根據正義來審判和作戰。他的眼睛像火焰，頭上戴著許多冠冕。他身上寫著一個名字，但是除了他自己，沒有人知道那是甚麼意思。他所穿的袍子染滿了血。他的名字稱為上帝的道。天上的軍隊騎著白馬，穿著潔白的麻紗衣服，跟隨著他。」

雅威：以上都是「啟示錄」的末日景象描述，非常壯烈，非常淒慘。整個地球好像要毀壞了，所有生物都毀滅了。

啟示錄的外星旅行

呂尚：《啟示錄》還有一段描述約翰的外星旅行，我認為這才是最精彩的，特別值得一提。描述了一段極符合現代太空科技的場景，那是約翰乘坐白色的大飛碟起飛，在飛碟內觀看到地球景物的狀況，經文是這樣記載：「接著，我看見一個白色的大寶座和坐在上面的那位。天和地都從他面前逃避，再也看不見了。」

雅威：約翰看見白色大飛碟，然後被我們接上飛碟，他在飛碟內觀看到地球景物向後飛去變小，不久，飛碟飛上太空，漆黑一片，見不到天地的形狀，可以說這是地球人第一次外星旅行。

呂尚：「接著，我看見一個新天新地。那先前的天和地不見了，海也消失了。我又看見聖城，就是新耶路撒冷，由上帝那裏，從天上降下來，像打扮好了的新娘來迎接她的丈夫。」

雅威：不久約翰被帶到我們的星球一個大城，他稱為「新天新地」，從飛碟內看出去，城市好像是從「天上降下來」。飛碟又帶著約翰到該處的高山上，太空人讓他能夠鳥瞰整個外星城市。

呂尚：「聖靈支配著我；天使把我帶到高山的頂峰上去，讓我看見由上帝那裏、從天上降下來的聖城耶路撒冷。那城充滿著上帝的榮光，閃耀像碧玉寶石，光潔像水晶。城牆是用碧玉造的，而城本身是用透明像玻璃的純金造的。這城不需要太陽或月亮的光；因為有上帝的榮光照耀著，而羔羊就是這城的燈。」

雅威：這是對我們星球的高科技城市的描述。這句話極清楚的描述出，那座高科技城市的光線不是來自日光或月光，因為那是一個圓頂保護住的大城，光線是柔和的，充滿整座城市，那是一種約翰所不知道的光源，籠罩全都市，所以不會有黑夜。

想睡覺的人，到他自己的屋子，按下開關，就可以使屋內變暗。所以說：「城門要整天開著，永不關閉，因為那裡沒有黑夜。」

呂尚：「天使又讓我看一道生命水的河流，閃耀像水晶，從上帝和羔羊的寶座流出來，通過城中心的街道。」

雅威：這是我們星球的圓頂都市，充滿能量的光，到處都是明亮沒有黑夜的。城市中也有河流通過城中心。

呂尚：「河的兩邊有生命樹，每年結果子 12 次，每月 1 次；樹的葉子能夠醫治萬國。城裡不再有上帝所詛咒的事。」

雅威：河流兩旁有圖書館，裡面有複製生命的圖書（生命樹），這些圖書中也有醫治各種疾病的書籍。

呂尚：「這些事是我約翰所聽見、所看見的。我向一切聽見這書上預言的作見證。」

雅威：約翰在啟示錄末了交待重要的話，表示對他自己記下的所有事項負責。

呂尚：這樣的詮釋，就可知「啟示錄」事實上是一部極完整的地球人與外星人的「第三類接觸」和「外星城見聞記」。從舊約一開始的創世紀到新約的啟示錄，可以感受整部聖經所記錄的上帝您們高科技外星人在地球上所做的一切事蹟是連貫的，能夠完整呈現上古時候在地球上所發生事情的真相。

可惜，歷代以來的神學家都在宗教信仰的思維裡頭，依字面來解釋經文，於是產生很多無法解釋含糊不清之處，或者乾脆就說成是神的異象而不加解釋，當然就永遠無法知道真相了，所以神學家會說啟示錄的隱喻極深，不易瞭解。

雅威：其實啟示錄不會深奧難懂，上述已經清晰地呈現出啟示的真意。啟示錄的時代就是當代了，這是揭示上古真相的時候，不能再用無法解釋來搪塞，因為我說過：「不要把這書上的預言封閉起來，因為這一切事情實現的時刻快要到了。」

呂尚：「封閉」的真意就是「掩蓋真相」，上帝您交待不要封閉真相，21 世紀就是揭示真相的時候了。目前世界上也正有一批人在從事向地球人揭示聖經真相的工作，試圖引導人類明瞭真正的方向，明白地球人和外星人的關係，甚至能夠明白「永生」的真意，那是科學的永生。目前地球人還做不到此等技術，但是未來地球人也可以做到。這就是啟示的重要。

路西弗其實是深愛地球人的外星科學家

呂尚：再請問，路西弗 Lucifer 這個人，但丁的《神曲》和密爾頓的《失樂園》，都是說路西弗因為拒絕向耶穌臣服，率三分之一的天使于天界謀反，經過三天的大戰，路西弗的叛軍終於被耶穌擊潰。在時序上不對，路西弗應該是舊約人物，耶穌是新約人物，時間上相差數千年。

雅威：你研究得很深入。這有一段難以啟齒的事實，既然你問了，也經過萬年了，我就把真相說出來吧，也還路西弗一個聖名。

路西弗是在地球上複製生命繼而又複製人類的我們的科學家之一。他率領的小組是在一個研究第一代人工合成人類的基因工程實驗室裡工作，由於發現到他們的創造物擁有超乎尋常的穎悟和天資，所以非常喜歡這些創造出來的人。

因此，路西弗決定違抗我們行星政府的命令，把複製技術的真相告知給第一代人類，讓人類知道「上帝（神）」其實和他們一樣，是看得見摸得著、有血肉之軀、乘坐具體可觸摸的宇宙飛行器，來自另一個高科技行星的人類。

路西弗和他的小組成員，非常關愛他們人工合成的人類，他們愛人如子，愛這些他們終日研究的人類，愛這些被迫尊崇上帝的複製人類。他們無法忍受眼看這些身心完整、美麗聰穎的複製人，必須伏在地上視他們為偶像，這一切都是我這位指揮官的一道命令所造成的，這道命令禁止科學家們告訴所創造的人類一切真相，並規定我們所有的太空人必須在人類面前永遠扮演超自然大神的角色。否則就被流放在地球上，不得回到母星。

而反對派的撒旦，一向認為複製出來的人類，本性是惡的，他希望把所有創作成果都消除殆盡，因為他觀察到，人類運用被放逐在地球上的神子們提供給人類女兒的武器，進行自相殘殺的事實，就此證明人類具有攻擊的天性。

但是路西弗很愛護人類，違抗了我們行星上的命令。而且他們的小組成員涉入與人類女兒的溫柔關係，人類女兒在以「為父兄提供狩獵取食工具」的謊言下，利用美色換取武器，事實上是人類自己決定用這些武器進行相互交戰、殘害同胞。

此時我看到撒旦所擺出的發生在地球上的屠殺行為的證據，於是我決定依照撒旦的要求行事，就是徹底摧毀地球上所有的生命，並赦免路西弗的小組回到星球，結束他們的流放生涯。

但當路西弗的小組成員知道他們的神奇創作不久即將被摧毀時，決定不能坐視不管。他們依然堅信人類當中不但有非暴力的好人，也不乏富於愛心和友情之人。其中之一便是挪亞家人，也就是建造大洪水方舟的挪亞。

也就是在那個時候，我們也發現，原來自己也是由來自另一個世界的更高的人種，用與他們在地球上創造人類相同的方法也是在實驗室中創造出來的。於是我們決定不再摧毀人類，並協助路西弗的人員重新創造保存在方舟內的生命形態。

不過撒旦仍然篤信人性皆惡，但是他不得不向我們相反看法的永生會議的多數派低頭。我此時也知道，如果地球人類具有暴力傾向，那麼，當他們進入星際文明時代時，就會用他們已發現的新能源進行自我毀滅。於是，我們全體一致決定讓地球人類自行發展，不再回到地球了。

呂尚：所以，從地球人的角度來看，路西弗才是愛民如子的外星人科學家，反而是耶和華您與撒旦是想毀滅地球人的創造者，這，太離經叛道了，一時，我的腦袋無法思考了。

雅威：把心放開，不用如此，宇宙中沒有對錯，沒有正邪。我必須提醒你，在我們之間，對於地球上人類未來的看法也並非一致，本來我也認為人是好的，覺得應該讓人類自由發展進步，因為我堅信地球人若不正直善良，他們便會自我毀滅。

不過，我們很多人也認為複製創造出來的人有缺點，人性本惡，有原罪，而且應該協助人類加速其自我毀滅的步伐。我們想加速地球上世界末日的到來，以淨化這個存在著一群不成功的實驗品的星球。

呂尚：原來是這樣，令人心頭沉重。可，也沒有辦法，環視當今全球人心，是應該淨化淨化了。

這才是高科技的永生

呂尚：「永生」是聖經裡面一個很重要的觀念，「永生上帝」四字表示上帝是永生的存在，「信我者得永生」若是指信仰天主教和基督教的信徒才能永生，信仰佛教和道教的人就不能永生嗎？這是很不公平的。

雅威：能夠永生的人是不分貧富、種族、男女、宗教信仰、權勢等條件，不是信仰基督教及天主教的人能永生，其它宗教不行。我說過「駱駝穿過針的眼，比財主進神的國還容易呢」，那些財主是不能永生的。

永生的「唯一條件」是看你有沒有「真正領略人類和宇宙關係，具備寬宏器識和不移的外星信念」。

呂尚：在此我要重復說一下，讓大家印象深刻。簡單的說，永生的科技就是複製生命的科技，舉個例子大家就能夠恍然大悟了：

在 30 歲最壯年的時候，從額頭（印記之處）取下一些細胞冷藏在實驗室，到了 80 歲，肉體已經不堪使用了，便將細胞複製成 30 的新肉體，再運用高科技記憶轉移方法（記住：就是舊約裡上帝造出亞當後「吹一口氣」成為活人的方法），將 80 歲的腦中一切思想智慧像磁片檔案轉移到 30 歲的肉體，這個 30 歲第二代新肉體就擁有 80 歲的智慧。

此時，再從印記的額頭取下一些細胞保存。等到這個第二代肉體又活到 80 歲時，此時擁有 130 歲智慧了。又從 30 歲的細胞複製成 30 歲的第三代肉體，再將第二代 130 歲的智慧轉移進去。此時，第三代肉體是 30 歲，智慧是 130 歲。讓他來到 80 歲肉體時，又複製一次，就具備 180 歲智慧，再進行第四代的複製，如此永遠複製下去，永遠可以擁有 30 歲肉體，而智慧可以達到千歲以上，甚至萬歲以上，這才是真正的永生！而且是高科技的永生！

雅威：目前你們地球人還做不到此等技術，但是未來可以做到。

呂尚：此等科技，說出來，應該很多人能體會，能懂，是有可能的。我想到了，那麼你們都已經複製不曉得多少次了吧。

雅威：確實，以你們地球歲月來計算，我已經有 3 萬歲了，隔 50 年複製一次，我複製 600 次了。

呂尚：那麼佛經裡頭寫的千歲、萬歲等神佛也都是可能的？

雅威：不是可能，是確實。

呂尚：我不敢想像了。

以諾是上帝帶到外星球的第一個人

呂尚：《以諾書（The Book of Enoch）》因為記載了在大洪水之前先知以諾與上帝同行300年所見的異象，教會不承認，便視為偽經。

雅威：不少被教會視為偽經的，事實上很精彩，你可以多加研究。

呂尚：會的，我就是喜歡創新，不喜歡被框住。

《以諾書》最早的原稿是希伯來文，其實當時的寓意是「起源論」，可惜原稿本至今尚未發現。幸好早期阿比西尼亞教會保藏了一本《以諾書》的抄本。此消息在17世紀前半葉傳到英國，直到1773年，非洲探險家布魯斯才把一份拷貝帶回英國。不久，一些用拉丁語寫成的手抄本，也開始在民間流傳。

1885年，《以諾書》第一次譯成德文。此時另一份殘缺不全的早期希臘文抄本也被發現了，比照阿比西尼亞抄本和希臘文抄本，發現情節居然大致吻合，於是終於可以確認，現在所獲得的這些資料無疑是相當正統真實的。

雅威：〈以諾書〉分成「以諾一書」和「以諾二書」，你們聖經學者研究認為此書的成書時間較長，大約由西元前 3 世紀到西元後 1 世紀。也有人認為「以諾一書」是十分重要的著作，因為它能幫助信徒瞭解舊約和新約間的猶太教思想。而且「以諾一書」和「但以理書」都是猶太教中重要的啟示記錄，對新約中的福音書、啟示錄影響甚深。

呂尚：所以初期教會及神父們十分重視這書，其中以迦太基教會主教特土良（Tertullianus）為代表，他是早期基督教著名的神學家和哲學家。然而當時的羅馬皇帝康斯坦丁於西元 325 年召開第一次尼西米會議，會議的目的是在解決一些觀點上的分歧，並決定把復活節定在春分後的第一滿月後的第一個星期天，同時也刪掉一些不符合他統治的章節文字。

雅威：當時的教會開始改變態度，加上奧古斯丁不看重〈以諾書〉。自此以後，此書僅在衣索匹亞東正教教會中常被提及。

在早期，〈以諾書〉反而是教會神職人員必讀的經典，一般信徒絕不能讀的，因為該書的內容太過奇異，所以大部份的基督教會以及現代的猶太教會便把它列為偽經。

呂尚：不過在衣索比亞正教會裡，這冊書依然被奉為正典。

雅威：像〈多瑪福音〉也不是偽經，只因為記錄得太精彩，教會怕大家知道真相，所以就加以排斥。

呂尚：與「以諾一書」最有直接關係的經文是「猶大書」第 14 節到第 15 節：「亞當的 7 世孫子以諾曾經預言這些人說：看哪，主帶著祂的千萬聖者降臨，要在眾人身上行審判，證實那一切不敬虔的人所妄行的一切不敬虔的事，又證實不敬虔之罪人所說頂撞祂的剛愎話。」

另外，聖經新約對人子、彌賽亞與祂的國度、天使和魔鬼等思想都直接或間接地跟〈以諾一書〉有關。「以諾二書」不同於「以諾一書」，它的來歷、文本的完整性和寫作日期都有很多爭議，

10 GENESIS, I. ver. 1, 2.

In the Beginning created the and the

And the Earth was without Form and void, and Darkness was upon the Face of the Deep; and the

of God moved upon the

2 ESDRAS VI. ver. 45. 11

On the fourth Day the Lord commanded that the should shine, the give her and that the should be in Order. And gave them a Charge to do Service unto Man that was to be made.

所以有部份基督宗派視之為偽典；但又有神學家認為，書中所記載的內容都與基督宗教對聖經的看法一致。

呂尚：以諾是建造方舟的挪亞的曾祖父，《創世記》5 章 1 ～ 30 節記錄的亞當後裔，裡面都寫著「某某人活到多少歲就死了」的句型，但是 22 ～ 24 節是這樣寫的：「以諾生瑪土撒拉之後，與神同行 300 年，並且生兒養女。以諾共活了 365 歲。以諾與神同行，神將他取去，他就不在世了。」

這個描述很精彩，值得研究，他是所有聖經先知中唯一沒有死在地球上而是被上帝「取去」的人。

雅威：不用再解釋「神將他取去」的本意吧。意思很簡單，就是我們帶他到外星球，如此而已。

呂尚：那這一段呢：「他的眼被神開啟，能夠看見天堂裡的唯一神聖者。那是眾天使顯現給我看的，又從祂們那裡，我聽見所有事情；又從祂們那裡，我明白我看到的不是屬於這一代，而是屬於遙遠未來的一代。」

雅威：這是以諾被我接上天，是唯一能夠看到外星景象的人，而太空人告訴他所見的都是未來的事件。

呂尚：翻閱〈以諾書〉可以發現記錄的情節遠比曾經在 4 世紀時被教會刪除很多情節的現行版本聖經要詳細得多，可以說它才是聖經的正本。

遠古大洪水的真正原因

呂尚：我研究大洪水時，發現這樣一件毀滅地球所有生物的遠古大事件，在創世紀裡只看到如此簡單的描述：「耶和華見人在地上罪惡很大，終日所思想的盡都是惡，耶和華就後悔造人在地上，心中憂傷。耶和華說：我要將所造的人和走獸，並昆蟲，以及空中的飛鳥，都從地上除滅，因為我造他們後悔了。」沒有人說得清為何此時「人在地上罪惡很大」，也說不清人類到底有多「惡」？

雅威：因為聖經被教廷刪改過。

呂尚：我查一些歷史文獻，標準巴比倫版本的吉葛梅許史詩（Epic of Gilgamesh），在大約西元前 1300 至 1000 年間，曾經有人把多個神話，包括蘇美爾神話及古巴比倫史詩整理，綜合為最完整的史詩。

聖經版本說只是您一人發動大洪水，但是這些版本則描述是「眾神」一起發動的，是為了解決當時人口問題，而用大洪水來毀滅人類。其中一個神 Ea 便偷偷把這事告訴祂喜愛的一個人 Ut-napishtm，他吩附 Ut-napishtm 要造一隻船，並告訴他船的尺寸的比例、長闊。跟聖經一樣。

Ea 與您一樣，也要故事主角將他所有親友及生物都登到船上。

最後聖經說所有生物都死了，這個版本也差不多，全人類都變回泥土。跟聖經一樣，船也是在山上停下，只是聖經是阿拉臘山，這版本則是寫 Nimush 山。

Ut-napishtm 和挪亞都在停雨後打開船窗。最相似得不可思異，莫過於聖經跟這版本的主角都是放出鳥類來測試洪水退去了沒有。不同的只是這版本放出的是鴿子燕子和烏鴉，而聖經版本則烏鴉與鴿子。

主角上岸後，也跟聖經中的挪亞一樣獻食物給神，神也聞到那香味。眾神也為此事表現後悔，並表示以後也不會再用洪水毀滅人類。不過這些神決定以後若要毀滅人類會用其他方法，例如讓獅子、狼吃掉人類，或降饑荒到他們那裡。

雅威：巴比倫神話保留了一些事實，不過歷經久遠時間，有些出入是很正常的。

呂尚：然而「以諾一書」6 至 7 章，就記錄著非常詳細的大洪水原因，足夠讓所有人搞懂整個事件的來龍去脈。書中說「當義人的孩子們增多時，他們也會生育美麗漂亮的女兒們」，這裡的「義人」就是指遠古被複製出來的地球人，他們也生育不少美麗漂亮的女兒們。

「這時被派來看守的天使們說：來，讓我們選擇自己的妻子，就從那些人的女兒中挑選吧。之後他們就給自己選妻子，後來看守天使們教他們的妻子學習各種有關植物的知識，這是不被天上允許的。」後來看守的天使就是太空人，教他們的妻子學習各種有關植物的知識，這是不被天上母星允許的。是這樣的吧？

雅威：沒錯，「然後天使與他們的妻子生下身高三千厄爾（ell）的巨人。這些巨人消耗掉地上人們大量糧食，當地上人們不再供養巨人的時候，巨人就開始吃人，並殺死和吃掉鳥類和各種動物，並把血當作酒而相互慶賀。」

呂尚：各地的神話傳說都提到過遠古時代有巨人，而近些年也有考古學者已經有挖到巨人骨骸了。「以諾一書」也詳細記錄了被派到地球的一些太空人指導地球人的種種事蹟。

雅威：當時我派不少高科技外星太空人下來指導地球人，有了我們這些高科技外星人的教導，你們地球人的知識突飛猛進。

呂尚：這些太空人都被稱為「天使」，隊長被稱為「大天使」。

雅威：但是在軌道上空太空船內的大隊長麥克（Michael）、尤瑞爾（Uriel）、拉菲爾（Raphael）和加百列（Gabriel）看到地球人學會很多農業知識和天文知識，這是他們最不願看到的，於是便向我建議「地上已充滿血和不義，必須清除」。於是我便交待拉菲爾去把教地球人知識的太空人找回來。

呂尚：您也交待：「還要治癒被他們破壞了的大地，消除各種的災害。但是那些從看守天使哪兒學到秘密（或智慧）的人類的孩子，可以不被消滅。」

雅威：第 10 章很詳細地記錄了我指派太空人的任務：

「神對加百列說：要毀滅那些私生子（天使與人類的後代）和那

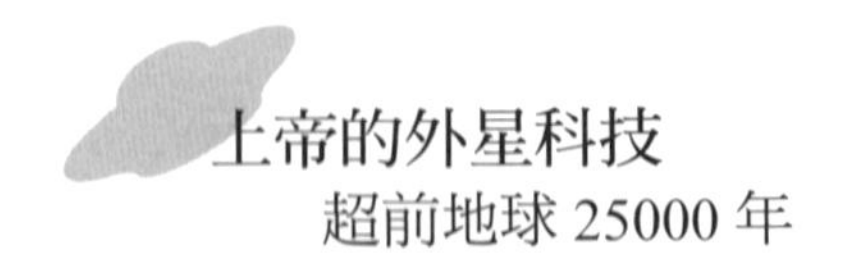

些墮落者，消滅守護天使的孩子們，可以讓他們自相殘殺，把戰爭送到他們那去，不必要求他們（私生子的父親們）同意。

「神對麥克爾說：去，把與人類女子通婚的西姆紮斯和他的同夥們綁來，必須把他們去掉，以免天使們被污染。把他們束縛在山谷裡，看著他們的孩子彼此毀滅，直到七十代以後的最後審判。

「神讓尤瑞爾轉告天使拉米的兒子，神說：到諾亞那裡去，告訴諾亞我的名字，並叫他躲藏起來！告訴他即將到來的災難：整個世界都將會被毀壞，大洪水會充滿大地，毀滅一切。通知他，他可以逃脫，他應保留世界的各樣種子；凡是他所選中的東西，我都會叫它存活，而他（諾亞）的子孫也會受到我的保護。」

呂尚：「以諾一書」保存了未被教廷刪改的原始聖經的文字，很明確地可以看出這些來到地球的外星太空人來到地面後，違反了您的告誡，這個現象被你們現行聖經描述為「墮落」，是指這些外星太空人的子女和地球子女通婚，並教導地球人天文、藝術、手工等知識，使人類知識提升，被聖經描述為「敗壞」。

雅威：因此，我要用大洪水摧毀整個世界，不要讓地球人快速瞭解並發展科技。當時便派太空人去告訴挪亞，要製造大型方舟來避難，以便保存地面上的生物品種。

呂尚：原來這才是一般聖經看不到的大洪水事件的真相。

以諾的太空所見

呂尚：〈以諾書〉第14章很精彩地描述火箭升空時的狀態，火箭穿越地球大氣層所遇到的高熱，外星太空船把以諾帶入太空艙的實景。

「我看見自己上升到雲霧中，星星和陽光快速的閃過。我乘風上升，他們把我帶入天堂。我經過那裡並進入一座水晶石作成的牆垣內，之後我進入了那水晶般的宮殿，牆壁與地板全是用水晶做成的。我在那裡看到了神聖的主。」

雅威：真相是，以諾坐在飛碟裡，飛碟上升到雲霧中，看到星星太陽很快閃過。然後飛碟飛到停在軌道上的大型太空站，以諾以為是天堂，在這裡看到了指揮官的我。

呂尚：「我還看到了燃燒的火焰。在大地的盡頭聳立著群山，這就是天堂。我還看見天堂的火柱深埋在深淵中，火焰不斷的盤繞著柱子落下，頂端和末端的情形是一樣的。越過深淵我看見天堂並沒有聯接任何的基礎，也沒有堅固土地，這上面沒有水、也沒有鳥，只是一個廢棄而令人害怕的地方。」

雅威：以諾此時描述的「天堂」竟然是沒有土地、沒有水、沒有鳥，只是「一個廢棄而令人害怕的地方」，和你們印象中美麗和平的天堂完全不同吧。事實上，這個所謂的天堂是大型的中繼太空站，太空站是漂浮在太空中，所以說沒有聯接基礎也沒有聯接土地。

呂尚：以諾進入高懸在軌道上空的太空站後，太空人便帶他遨遊很多個的星球，於是以諾便詳細地描述他所看到的景色。

他們把我帶到光明之中，那裏有一團火焰，然後我被帶到黑暗中，那裏有一座山，它的頂峰直通天堂。

然後我看見了遠處的星星，聽到了打雷的聲音。我在空中看見一個發光體，一把火熱的弓和顫動的火熱的箭。

之然我被帶到水中，我看見西方有火，好像它的背景有太陽一般。之後我來到了火河，那河裏的火流向西方，並灌入火的海洋。我還看見巨大的河流，那些巨大的河流流向黑暗，然後我看見了大地的角落之石，我看到四種風，它們從天堂而來，承擔著大地。我看見地上的風帶著雲，我看見了天使的通道。

我還看見了有七個山峰的壯麗的高山，它夜以繼日的燃燒，其中三個山頭朝東、三個山頭朝南。然後我們一起去了另一個地方，他向我展示了一座日夜不停燃燒的山脈。

然後，我從那裏來到了大地的中部，我看見在神榮耀的寶座上，有一棵樹，它的枝杈發出耀眼的光芒。之後，我又看見了一座神山，在它的下面有兩條溪流，一條流向東方、另一條流向南方。我又看見在東邊，有一座同樣高大的山，在兩山之間形成了一條狹窄的溝渠，也有一條溪流從中流經，在西邊，還有一座稍微低矮的山，它與中間的山之間有一條乾涸的溝渠，那乾涸的山溝是三座山之間最深的溝渠。

所有的溝渠都是由堅實的岩石組成的，那裏寸草不生。我對這些岩石非常驚訝，就像我對那些溝渠的驚訝一樣。

雅威：這些都是外星球的景色描述，在你們第 4 世紀修訂聖經時被統統刪除了。幸好被視為偽經的〈以諾書〉保留了下來。

呂尚：「然後，我前往花園，我從遠處看到很多的樹木，其中有兩棵很大的樹，它們非常大、美麗、榮耀而且壯觀，它們具有果實，那是能區別善惡的智慧知識的神聖水果。我說：這是多麼美的樹啊，它是多麼具有吸引力啊！

「神聖天使拉斐爾和我在一起，他回答我說：這就是智慧樹，很多年前，你的父親和你的母親（亞當和夏娃），就是因為吃了它的果實而睜開了智慧的眼睛，他們明白了自己是裸體的，最後他們被趕出了這裡。」

雅威：這裡提到天使帶著以諾來到伊甸園，其實是以諾升空後來到另一個太空站上，在那上面他也看到知識的寶庫。這個太空站也稱為「伊甸園」，「樹木」是站內的圖書館，「果實」也是指能增進知識和智慧的書。

其實太空人拉斐爾說的是，亞當夏娃在地球上也是看了和這些相同的書，知道自己原來是外星人複製出來的人種，所以說他們「睜開了智慧的眼睛」。現行聖經無法說明為何亞當夏娃吃了智慧果實後就被趕出伊甸園？

呂尚：突然，我想到一點，聖經創世紀並沒有記載亞當夏娃吃的是「蘋果」，只說「果實」，為何教會都解釋為蘋果？

雅威：我也不知道，你有時間可以去問問教會。

呂尚：「在那些日子裡，我被一股旋風帶離大地，然後把我放在天空的盡頭。我看到另一邊即神聖的處所，是義人的樂園。我的眼睛看見他們和天使的住處，那是神聖的樂園。

雅威：太空人經常帶著以諾乘坐太空船飛來飛去，有時在太空，有時回到地面。「義人的樂園」「神聖的樂園」都是從高空看下來的不同星球人類居住的地方。

以諾的天文記錄早於現代數千年

呂尚：以諾這位人類始祖之一，應該不具備現代的天文知識，但是他卻能夠在當時就記錄相當精確的太陽和月亮的現象，如：「我看到太陽和月亮運行的通道，它們依照次序運行，從來的地方來又榮耀的回到去的地方。它們運行的軌道是威嚴而正確的，永不離開軌道……其次我看到被隱藏又出現的月亮，她以自己的軌道進出，區分晝夜，並在神的面前有自己的位置。」

雅威：你們地球人在中世紀以前，還認為地球是平的，認為所有的星球都是繞著地球運行。後來天文學發達了，天文學家一一為星星作分類及命名，也為星星定下亮度、大小等標準，這也是近代的事。

呂尚：「我看見天堂裡其他的閃電和群星，我看到神是如何為它們命名。我還注意到它們是如何根據光的性質，來實現正義的平衡，我看到它們空間的寬廣和他們出現的日子，以及他們是如何旋轉產生閃電的。我也看到閃電的另一種現象，某些星星是如何升起、變成閃電，閃電之後必然跟著雷聲，這是一套永世不移的定律。雷聲與閃電不分家。」

雅威：你們 20 世紀初人類才知道雷聲和閃電的成因，是空中正負電相擊產生的，由於光速快過音速，所以先看到閃電之後才會聽到雷聲。可是，以諾早就寫出「閃電之後必然跟著雷聲，這是一套永世不移的定律」，是誰告訴他的？

呂尚：這位大洪水之前的先知以諾，卻能夠在那個時代就詳細敘說這些現代天文知識，我當然相信是你們教他的。如果《以諾書》沒有被基督教會刪除，我們便能提早數百年知曉這些自然定律了。

還有：「白天，太陽自第二扇門出發，然後自西方下去，回到東方，再從第三扇門出發，開始另一天的早晨。白天包括九刻度，夜晚也包括九刻度。白天和黑夜往復迴圈，每年計有 364 天。

「白天、黑夜有長的，也有短的，那是由於地球自轉的緣故。

「至於月亮，它每一個月的上升和下降都不相同。白天，它的亮度和太陽相同，夜晚，它的亮度約等於太陽第七刻度的亮度；……它的二分之一部份受到七分之一的太陽照射，而其他部份，則未有陽光照射。」

雅威：太陽東升西落、1 年 364 天，地球自轉導致晝夜有長短、月光是陽光的反射等，這些你們當代才知道的天文知識，卻被舊約先知以諾精確的記錄下來，以致古代教會及聖經研究者無法理解、無法解釋，只好採取否認的態度把〈以諾書〉列為偽經。

呂尚：「以諾二書」又叫做「以諾神秘書」，現存完備的版本是斯拉夫譯本。全書共 68 章，1 至 2 章描述天使的異象和以諾向兒女道別；3 至 21 章描述以諾被提到第七層天上悠遊；22 至 38 章描述創造的啟示和從亞當至洪水時代的歷史；39 至 66 章以諾對兒女們的教訓與安慰；67 至 68 章描述以諾升天及其生平回顧。

雅威：凡是詳細研究過〈以諾書〉的人，都會被裡面精彩的太空描述歎為觀止，一定會說這不是偽經，反而是值得研究的《聖經新典》。因為整部〈以諾書〉內容不僅沒有和現行《聖經》版本相衝突，反而寫得比《舊約》創世紀還要詳細。

呂尚：「以諾 65 歲時生了一個兒子，名叫瑪土撒拉。這以後，以諾跟上帝有密切的交往，他又活了 300 年，並且生男育女。他在世享壽 365 歲，一生跟上帝有密切的交往，上帝把他接去，他就不見了。」

雅威：以諾活了 365 歲，一生都和我密切往來，最後他不是死在世上，而是我把他接去，他就不見了。和合本聖經譯為「神將他取去，他就不在世了」，他是人類始祖裡唯一沒有死在地球上的先知。事實上，以諾就是被我的太空船接走的，現在他仍然活在我們的母星上，複製了很多次了。

呂尚：我也很嚮往呀，可以去您們的星球嗎？

雅威：哈哈，你說呢？

耶穌消失的 18 年是到印度西藏

呂尚：《新約》提過耶穌 12 歲時在耶路撒冷聽經師的教誨。而祂開始傳道時是 30 歲。從 13 歲到 30 歲這中間 18 年的歲月，整部聖經完全沒有記載，〈路加福音〉只用：「耶穌的智慧和身量，以及上帝和人喜愛他的心都一起增長」兩句輕輕帶過。以常理而言是不可能的，這位重要的人物在人生最重要的階段，竟然缺乏記錄，為什麼？他到那裡去了？

我相信，耶穌的青年成長時期被長期掩蓋，被梵蒂岡教廷掩蓋了 2 千年。難道一個人的一生最重要的思想成熟時期的 20 年是可以忽略的嗎？值得大家客觀地深思。

雅威：近年也有很多學者都做了客觀的實地考察的研究。也有不少相關書籍出版。

呂尚：是的，我也買了幾本。以我們地球年齡來看，13 歲是上中學的日子，正是要成長的重要階段，18 歲是青年，20 歲到 30 歲是年青階段與立業的時期，也是人一生中最青春的年華，然而耶穌這最重要的 18 年，聖經竟然沒有記載。幸好有一些國際聖經學者和科學家根據最近新發現的史料、古跡、遺物及學者的考證，初步斷定耶穌在青年時代「到過東方研究佛學及哲學」，並在東方待了約 12 年，這個新發現正和聖經所缺的內容能相連接。

美國加州克拉蒙神學院主持《死海手稿》研究計畫的約翰崔佛博士曾對耶穌的生平做了一番考證，他認為：《死海手稿》的發現，是最近數十年來最重要的宗教文獻，此一發現使我們能對聖經的歷史作更深入的探索，尤其對新約與舊約交替的那段極重要的時間，能夠找到過去沒有的線索。

《死海手稿》的年代涵蓋耶穌一生的整個時間，其中卻沒有任何片段或說明是有關耶穌或初期基督教會者，但此一發現使耶穌早年背景的研究露出曙光。現在對於耶穌早年事蹟的不斷探索，認為耶穌到過許多地方，甚至包括印度在內。

雅威：正是如此，沒有錯。

呂尚：由於這些新資料的發現，美國有一群神學學者親自到印度考證，

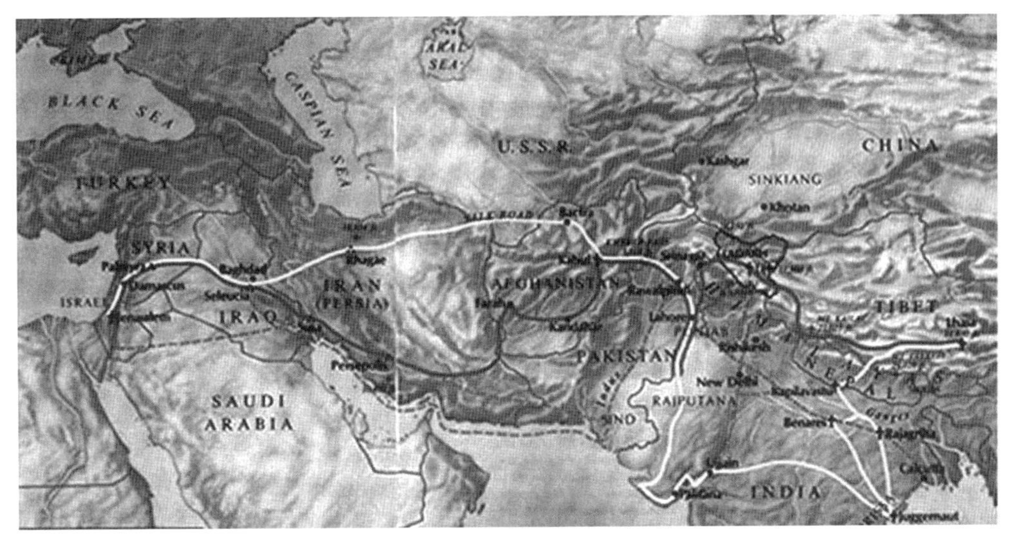

耶穌東行的路線

更製作了資料影片《失蹤的歲月（The Lost Years）》。影片中如此敘述：

「在一所古老的西藏寺院的文物裡，有段原來是以古代巴利文書寫而後譯成藏文的記載，內容敘述一位非凡聖者的行誼，他就是一般佛教徒知曉的『以沙』。聖者以沙的事蹟與耶穌基督的一生極為相似，這顯示以沙在印度的行跡，很可能就是聖經中有關耶穌記載所失蹤的歲月。

「記載聖者以沙生平事蹟與死亡的手稿，就是在印度北部喀米爾谷地斯利尼加北方的古寺院中發現的，據說該手稿當時是收藏在西藏拉薩布達拉宮的藏經堂裡。根據手稿上所寫的，我們可以很驚訝的發現，竟然比新約聖經福音書上的記錄還要詳細。現在就讓我用比較大的篇幅，將手稿記事引述一下：

「宇宙之至高審判者以其大慈大悲之心，決定化身為人的時機已經來臨了，於是不久便有一位聖嬰生在以色列之地。神本身透過這位小孩之口，宣講肉體的虛幻無常，與靈魂的高貴尊嚴。這位新生兒的父母是樸實的窮人，也是個至誠敬神的積德之家。為了他們的福報，神祝福這個家庭，生下了這位大兒子。神以他為代表下凡世間，來拯救那些沈淪罪惡之中的人們，與醫治身心病苦的人。

「這位被命名為以沙的聖嬰，在其年幼之時，便開始宣揚獨一無二的神之旨意，並勸誡誤入歧途的人們懺悔，除淨所犯的罪過。

人們從遠近各地前來諦聽，並對這位小孩口中所說的智慧哲言大為驚訝，幾乎所有以色列人一致宣稱，永生之聖靈與這位小孩同生。

「在以沙13歲時，按照以色列人習俗，他應娶妻成家。他父母所居住及工作為謀生的家，已成為那些想獲得年輕以沙為女婿的富貴人所聚集的地方。他們對以沙以全能者聖名所宣講的那些感化人心的道理讚歎不已。

「就在此時，以沙從他父親的家裡秘密地失蹤了。他離開耶路撒冷，隨著一個商隊前往印度北方名叫幸德的地方，目的是為了使自己徹悟真理，並學習偉大佛陀的教義。

「神所祝福的以沙在14歲時進入幸德，並在神所庇佑之地的阿利安人中定居下來。當時這位奇妙不凡的青年以沙的盛譽，又傳遍整個幸德北部地方。當以沙越過五大河及剎帝利族地區時，耆那教徒曾懇求他居留該地。

「以沙離開了耆那教的信徒，前往阿力薩地區的雅甘拿斯和婆羅門教士研讀《吠陀經》，借助禱告之力醫治疾病，同時向人們開示，講解神聖的經典，並且從人身上驅走依附的邪靈，使人恢復人態。

「聖者以沙在雅甘納斯、拉紮格裡哈、貝納拉斯以及其他聖域度過6年時光。人人皆愛以沙。他與吠舍以及首陀羅等較低階級的人相處融洽，並教導他們聖典經義。

「以沙對他們說：不要膜拜偶像，因為他們不會聽你所言，不要迷信使你誤入歧途的經典；不要自以為優越於他人；不可侮辱鄰居；要濟貧扶弱；不可對任何人有邪行。

「婆羅門教士和軍士階級的人，聽到以沙向吠舍及首陀羅階級所講的道，有違他們的規定，便決定置之於死地。但以沙接到首陀羅階級之人的通風報信，便於夜間悄然離開了。到達山區之後，便在瞿曇徒這個佛教徒所在地定居下來，這裡便是偉大的釋迦牟尼佛誕生之地。

「在精通巴利語之後，以沙便躬身致力於研習諸卷神聖的經典。6 年以後，以沙便能完全領悟這些神聖的經卷了。以沙在 26 歲時離開了印度，回程中他經過阿富汗、波斯、希臘和埃及。

「聖者以沙回到巴勒斯坦時，將近 30 歲。他在那裡一城又一城地向窮人傳揚福音，並且宣告上帝國的來臨。羅馬總督希律因為害怕聖者以沙鼓動民眾反對當局，而成為以色列王，於是將他逮捕、監禁、施刑，並且審判。

「總督下令士兵收押以沙及另外兩個強盜，把他們帶到行刑的地方，並在那裡把他們釘在十字架上。於是大地震動，上天哭號。因為在以色列之地發生一宗大罪惡。他們把宇宙聖靈為施福萬民而轉生為人，偉大完善公正的以沙施刑折磨，並加以處決。

「至此，永恆聖靈的人世化身，為了施愛人類而忍受極大痛苦之後，便結束了此塵世的生命。」

雅威：這一段古巴利文手稿正好彌補了聖經新約中耶穌失蹤的 18 年歲月的記錄，也填充了馬太福音中提到東方三位聖者前來膜拜初生耶穌之後的一些常理判斷。

按照常理，東方三聖者來拜見聖嬰耶穌時，一定會向約瑟和馬利亞報上姓名、身分及所住的地方，同時也可能表示願意見到長大後的耶穌。耶穌長大後，應該會從父母口中聽到這些事，心中感念之余必然想回訪三聖者，以報其盛情，了其心願。所以這段回訪東方，就是聖經中耶穌生平所缺的 18 年！

呂尚：而且，「耶穌」和「以沙」發音極為相近。這是不能否認的。

印度新德里市佛教中心理事長聖敏督達摩瓦拉（Venerable Ventu Dharmawara）曾親眼見過古巴利語原本，和西藏文譯本之有關聖者以沙的生平文件，他說：「遠在我拜訪西藏西部，也就是拉達克的赫蜜斯拱巴之前，我就知道耶穌來訪印度之事。當我去該地時，我做了一些有關此項事實的調查工作，我曾被示以寫在樺樹皮製成的傳統紙張上的記事，它有巴利文本以及西藏文譯本兩種，內容說到耶穌精通佛教教義，以及印度教上乘部分的教義。」

雅威：確實，你們由這些新發現的資料，必須明白耶穌失蹤18年的歲月，的確是在東方度過的，也因此，才足以喚醒東西方人類的神聖意識。

呂尚：可惜於西元325年，康斯坦丁大帝召集各地主教開全基督教大會，為了他的統治，以及宗教制度化，把聖經做了全面刪改，也把耶穌到東方的珍貴記載刪除，並焚毀大批關於耶穌歷史的資料，以至直到 1970 年代，才在其他古代手稿中發現耶穌生平紀錄，否則將成為永恆之謎。

雅威：不過，你想想，要說耶穌年輕時曾到過印度與西藏學習佛法，這個新觀點，一定會顛覆整個基督宗教王國，所以這個真相被梵蒂岡教廷掩蓋了 2 千年，也是正常的，不要苛責。

我只能說，歷代的天主教徒和基督教徒們是虔誠的，他們沒有錯，但他們並沒有考查研究追溯經典的自由，他們只能被動地接受自古以來經羅馬天主教皇教廷修訂頒佈後的聖經，卻並不知道羅馬天主教廷早已在漫長的古代，已經為了教皇繼承上帝的合法性，為了人作神的合法性，為了私利，而精心修改了聖經全書。

教廷利用了教徒們的虔誠，利用了所屬教會教士出於自身謀生存對羅馬教廷教皇的依靠，使廣大信徒們蒙在鼓裡，只有歷史上極聰明或有福緣的人，才慢慢真相大白。

呂尚：現在有很多學者都做了客觀的實地考察研究，但還是被梵蒂岡長期否認。難怪全世界歷史上，從哲學家、大文豪，包括現代的小說電影《達芬奇密碼》等多部電影都在罵羅馬教廷的虛偽和狡詐！因為羅馬天主教廷出於私心、出於維護私利的狹隘心胸，極力掩蓋 2 千年的真相。

雅威：不過，也不用因此就說耶穌曾經是佛教徒，這是基督教徒絕對否認的，因為這樣也同樣出現另一種私心了。佛教本來就是要人去掉私心，無我，若不去掉私心，根本不能學佛。所以你們必須說，耶穌是一個心胸開闊、謙遜開放的智者，他是真正為了真心求宇宙之道，不是一位為了世間私利的宗教家。

彼得的筆記也沒有說耶穌是佛教徒，只是記錄耶穌青年時代到過印度、西藏，深入研究過佛教而已。

呂尚：佛教對於耶穌的影響與啟示，是不可否定的事實，已經成為各國歷史學家所證實的事實，但這並不會降低耶穌的地位。他採用了佛教的慈悲與濟度，衍化為博愛，是一大創造；又採用了佛教的平等觀等許多主張，更將之發揮宏揚，創立了以博愛和犧牲自我為基礎的偉大宗教。我說呀，祂們二位不是宗教家，而是教育家。

雅威：是的。我也不是宗教家，而是 2 萬 5 千年來地球的科學家。只是你們後世把我稱為 God，變成無所不能的上帝，不知在哪裡的一位大能。

呂尚：是的是的，您是科學家，又是太空船指揮官，用此新觀點，太精彩了。

在此我要順便提一提旅居加拿大的台灣名作家馮馮，在《耶穌基督在印度西藏足跡的追尋》一文中所敘述的。

雅威：你說。

呂尚：那篇文章敘述 1887 年俄國歷史學家諾托維茨（Nicolai Alexandrovitch Notovitch）在喀什米爾附近的一個藏傳寺院法戒寺（Hemis），無意中發現因年久而發黃的兩厚卷經卷，記載著以沙在 14 歲時，因逃避婚聘，夜遁參加商隊東行，到達印度師事婆羅門祭司學法 6 年，後來改學佛法 6 年。但是被基督教衛道者打壓，盡可能推翻他的發現，以保基督教的不可置疑真理。

6 年間，以沙來往于王舍城、Kasi 等各處佛教聖地，也前往參拜佛陀誕生聖地，在彼處他追隨佛教僧人 6 年之久，學習巴利文及研讀佛經。然後，遍遊尼泊爾與喜瑪拉雅山，去過西藏，然後返回，經過波斯。他的聲名已經遍傳遐邇。

返回以色列時，年方 29 歲，旋即開始向以色列人弘揚和平博愛之道。以沙在以色列被釘十字架殉教之後，大約 3、4 年才有巴利文寫成之「以沙行狀」文獻問世，這是根據曾經接觸過以沙的藏人、印人、商旅、及目擊以沙被以色列人釘十字架等人的證言寫成的。

此後至少有 7 批基督徒去法戒寺實地考察，證實了「耶穌曾到印度西藏學習過 6 年佛法」。

雅威：成為宗教就會走上如此的途徑，也無可厚非。

呂尚：到了 1910 年，才有另外一名俄羅斯學者針對這主題出版《聖以沙的一生（The life of Saint Issa）》，比較完整地將耶穌被佛教影響的說法羅列出來。

雅威：呂尚呀，你很用功呀，看了這麼多史料，我沒找錯人哪。

呂尚：不敢不敢，只是順著意識流走。

基督首徒大彼得所寫的《水徒行傳》，現留存於教廷圖書館與大英圖書館中，記錄著耶穌誕生於釋迦牟尼創佛教後，確實曾受佛學。可見佛教與基督教本是同源。耶穌師承馬鳴菩薩的弟子，印度和喜瑪拉雅山至今仍有耶穌所留遺跡，如耶穌剃度的寺院，耶穌禮佛誦經處，和耶穌禪修的洞穴。

研究耶穌生平的學者曾經說過：「靈魂之導師以及大智之靈者們，是從何處獲得他們的智慧？這些智慧似乎從超越時空之處拾取而得。是否世上之聖人及心靈學家所謂的阿卡西（Akashic）紀錄，是一種永恆紀錄人類塵世經驗的宇宙電腦？僅有少數超凡之特殊人物能與之交感調和？據說這些永不朽壞的紀錄存在于超越時空某處的宇宙心靈裡。」

這些年來我也研究過並且也有親身體驗過阿卡西紀錄，知道這些學者詢問的正是如此。

雅威：這個說法完全正確，的確在我們那裡有一個龐大的超級大電腦，記錄著所有被複製的地球人的行為，在末日之後會派上用場，挑選 14 萬 4 千位完全相信上帝就是外星人的「全信者」到他們的母星去，之後地球會毀滅，而這些「全信者」在那兒過著天堂般的生活，直到永永遠遠——永生！

呂尚：我們唯有將以沙的事蹟融入《馬太福音》之中，才能夠完整地讀出耶穌的一生事蹟，否則，最重要的青年時期成為未知的缺口，對於宇宙真理是無法真正領悟的。另外，我也想到阿卡西紀錄也類似道教所說的生死簿，所以，應該突破各個宗教的信仰，回歸宇宙真理本身，唯有高智慧的地球人才能深深體會吧。

雅威：宇宙間本來就沒有你們現在的各種宗教，全是你們地球人創造出來的。

呂尚：研究耶穌到過印度的學者都是西方的基督教學者，反而不是佛教學者，有意思。可是教會及一般信徒絕對不會願意相信耶穌曾到過東方學佛，這個事實對他們長年被教會洗腦下，不知要如何面對自己的宗教信仰？

雅威：那就看他們自己的造化了，一切隨緣。

呂尚：我再來引述一下史料，民國政府成立後，近代禪宗大師虛雲老和尚當時已經 100 多歲高齡了，他是從洋人口中得知的。曾和二位大人物對話。

雅威：好呀。

呂尚：第一位是與孫中山先生的對話，孫中山先生為基督教徒，他說：「我覺得，基督是主張博愛，但有些基督徒違背了基督的本意，去攻擊別教，去發動戰爭，這都是很不幸的！其實我覺得基督教與佛教在教義上、精神上原本是很接近的。基督主張博愛，不分種族；佛陀主張慈悲，有教無類。基督教人要愛仇敵，佛陀教人怨親平等。基督教人施予，佛陀教人佈施。基督說天國就在心裡，佛陀教訓說法由心造。所以我曾經想過，基督教與佛教本來是同源的呢？所以，我很反對基督教人士對佛教徒的攻擊。」

虛雲和尚回復：「大總統對宗教有這樣深入研究與開明的見解，

真是令人佩服！是的，佛教與基督教本是同源，耶穌基督 13 歲以後，曾往印度研究佛教。耶穌在印度留學大約 10 年或 11、12 年，才經由波斯、土耳其，回到以色列去傳教濟世。」

孫先生驚訝道：「有這些事嗎？」

虛雲回復：「基督首徒大彼得所寫的《水徒行傳》，有這樣的記載，可惜此一經本已被後來的教廷所禁了，以致並無流傳。」

孫先生說：「若有此書，倒是要研究研究的了！請問何處有此書呢？」

虛雲說：「我聽外國人說，此書仍有少數本子留存於教廷圖書館與大英圖書館等處。下次我若往倫敦，可得好好找出來一讀了！這本書若再出世，相信對於兩教的團結合作必有很大的貢獻的！也就是對於世界和平也有貢獻啊！可惜一千幾百年前的教廷心作自私，把此書禁掉。」

雅威：那麼第二位大人物呢？

呂尚：第二位是蔣介石，他也是基督教徒。有一次問及：「虛老方才談及耶教與佛教之相同點，可否再多分別？」

虛雲說：「耶穌教義與佛教淨土宗大致相同。耶穌誕生於釋迦之後 4 百餘年，自無可能是淨土學自基督。阿育王在基督紀元前 272 至 226 年在位，大弘佛教，派遣正法大僧至敘利亞、埃及、馬其頓傳播佛教，已將佛教觀念播種於中東一帶。

「耶穌自 12 歲至 30 歲正式在以色列傳道，其中 18 年之事蹟，聖經新約中全無記載，實無道理！西洋學者發現耶穌大門徒聖彼得所著作的《水徒行傳》，載有耶穌早年赴印度參學佛教之經過，以及後來經波斯、土耳其而返以色列傳道。

「此一記錄，當初原載於聖經新約，後被羅馬教廷刪除。此一考證似非厚誣！若此說成立，則更可證耶穌可能受佛教之影響，得到《阿彌陀經》，歸國另創新教。或謂，基督教亦脫胎于淨土宗阿彌陀經。試觀耶穌身上搭衣，與佛相同。阿彌陀經說西方極樂世界，耶氏亦說天國極樂。

雅威：你做的很好很好。

大量宗教畫揭示外星飛碟的存在

呂尚：近年來，發現有很多 14 到 18 世紀的基督宗教的藝術作品裡面，似乎都能看到一些好像是現代很流行的不明飛行物體，而更讓人驚喜的，這些作品又與基督有關。這就不得不讓人對當時的藝術家們，為何會繪出這樣的作品，令人好奇！

雅威：其實沒有什麼，我要你寫這一本書，透過我的第一手說明，讓地球人知曉聖經時代的真相，大家閱讀到這裡，應該很清楚，身為上帝的我，事實上是外星太空船的指揮官，因此宗教畫裡頭有飛行物體，不用訝異。

呂尚：就像下面這一幅是捷克科索沃一所修道院的壁畫，1350 年畫的，耶穌被釘在十字架上，左右上角兩邊都畫著錐形飛行物，放大照片如下方所示，很清楚可以看出有人在操控的飛行器。

還有一副名為「耶穌的洗禮」的神奇畫作，這幅作品是 Arendt de Gelder 在 1710 年創作的。在畫中，一個巨大的圓形物體放射出四道光束，正好應證聖經經文「耶穌一受了洗，從水裡出來，天為他開了；他看見上帝的靈好像鴿子降下來，落在他身上。接著，從天上有聲音說：這是我親愛的兒子，我喜愛他。」這個圓形物體被描述成鴿子。

（左上角圖放大）　　（右上角圖放大）

（來源：歐洲東南部巴爾幹半島上科索沃修道院壁畫）

下面這一幅是 1460 ～ 65 年間由 Paolo Uccello 繪的，現存於佛羅倫斯學院，在耶穌基督十字架後方，很明顯有飛碟。

掛在義大利佛羅倫斯聖馬利亞教堂，由 Masolino Da Panicale 在約 14 世紀所繪的，耶穌基督和馬利亞站在飛碟內。

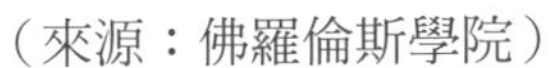

（來源：佛羅倫斯學院）

（來源：Arendt de Gelder 畫作）

現在有越來越多的西方學者願意用客觀的態度來提出新的觀點，這是宗教的進步，我相信，用本書的立論來詮釋聖經，就是 21 世紀揭示真相的最大成就。

雅威：這些都是你們中世紀的人所感應而畫的，換言之，歷來都有很多人在揭示真相，只是教廷始終不願面對面真相而已。因為他們有說不出的苦衷。知道就好，暫時不用揭發。

（來源：義大利佛羅倫斯聖馬利亞教堂）

哈伯太空望遠鏡拍到璀璨無比的天國

呂尚：我要提一件大事。

雅威：什麼大事？

呂尚：1994 年 2 月 8 日，美國《世界新聞週刊（Weekly World News）》刊登了一張由哈伯太空望遠鏡攝在前一年 12 月 26 日拍攝的太空照片，非常清楚看出，在茫茫的宇宙夜空當中，有一大個璀璨無比的城市，是不是就是你們的大型飛船？

雅威：哈哈，你的看法呢？

呂尚：我認為就是你們航行於宇宙中的太空船，不過，體積太大了，很嚇人，NASA 都無法估計出體積。女研究員梅森博士引述美國航太署內部專家的話，表示那個太空城市絕對是天國，因為就他們所知，人體生命是不可能存在於一個冰冷的、沒有空氣的太空中。梅森博士是相信上帝存在的，她

WEEKLY WORLD NEWS

Divine image stuns NASA!

HEAVEN PHOTOGRAPHED BY HUBBLE TELESCOPE

'We found where God lives,' says scientist

甚至說我們發現的是上帝居住的地方。

雅威：哈哈，她太相信宗教了。那只是我們航行於宇宙中的一艘大型太空船而已。我們居住的地方是 Elohim 母星。

呂尚：美國航太署的專家證實，此圖片引起了美國前總統柯林頓和副總統高爾的興趣，他們要求每日提出簡報。此外，美國航太署還曾應教皇約翰保羅二世的要求，將照片傳給他。由於美國航太署拒絕對照片報導做出更進一步的評論，所以梵蒂岡方面亦低調處理保持沉默。

雅威：低調處理是正確的，一切都要順著流走。

呂尚：我認為從 2017 年起，越來越多的宇宙多重時空、多次元的高靈

信息充滿書店、網路，這是有地球時代的意義，「2017」的生命靈數是 1，表示一個新的開始，地球人類必須要重新省視以前的科學觀、宇宙觀、生命觀、存在觀，因為我個人 50 年來的體悟，以及多次宇宙高智慧生命傳遞給我的信息，讓我非常清楚人類何去何從，不過直到現在，還不能將這些信息全部整理公佈，因為，內容太震憾了，而且有些內容我自己都看不懂，但保留著筆記本。

雅威：任何真相都不可一次全公開，你們古人不是說過「天機不到洩露」？

呂尚：您也知道這一句？

雅威：你們地球人不是說我是上帝嗎？地球人認為上帝是全能的，不是嗎？哈哈。

呂尚：是的是的。像老子、佛陀，您，三位全是宇宙真理大師呀！

所以，有一天清晨突然有個想法，既然已經將絕版多年的書，重新修飾整理，透過大千公司重新出版《佛陀的多元宇宙》與《老子的 N 維傳訊》，原本沒有想過再來整理聖經相關的，卻給我一個新 idea，於是重新整理新增成這一本《上帝的外星科技》，好像這樣才完整。

這一系列宇宙高維傳訊的書籍，就讓「看得懂的人」好好體悟，看不懂的人當作科幻小說來看也可以，總之「星際無邊，一切來自你的心」，這一句也是宇宙高智慧賜給我的。也只希望能帶給讀者一些深入的思考而已！

雅威：你能將地球三大學問，佛學、道學、神學的原典，用宇宙視野來重新詮釋，讓現代年輕人能夠獲得真正的認知，功勞很大呀。

呂尚：不敢不敢，只是盡一個讀書人的本責而已。而且，不是我個人的研究，全是你們傳訊給我的，我只是寫出來而已。汗顏汗顏。

雅威：別汗顏了。老子會找你，不是說過：「我在高維世界觀察汝久矣。理工出身，懂物理學、核子理論、天文學、相對論、量子物理，不僅有紮實之自然科學理論基礎，又喜歡國學，能用文言撰文，又建構獨特之宇宙生命科學、心靈科學、生死學等理論體系，汝之學術領域跨越甚多學門，各領域亦多有書籍出版，能成一家之言，旁人莫能及，何必惶恐！」

呂尚：這？您也知道？

雅威：哈哈，宇宙高維生命體是以意識方式存在，但，意識也各有高低頻率，同頻方能溝通交流，我們都是存在於你們地球科技說的4-8赫茲的θ波之間，這也是宇宙信息波頻範圍，事實上，我們也經常交流。說到底，排除宗教信仰的迷信內容，你沒有感覺到道學、佛學、神學的核心思想是相同的？

呂尚：是的是的，當然有，所以在我多場演講後，很多人好奇問過我，何以我將近50年來，要上班、教書、演講、出國、吃喝拉撒睡，同樣24小時，我怎麼還會有時間寫出那麼多書，而且可以橫跨將近10種不同領域，不可能的。

我都很自然回答「一以貫之」，在我內心真的是一以貫之。道學、佛學、神學也是一樣，一以貫之。

雅威：那就對了，做的很好！

呂尚：謝謝，謝謝。

謎樣的黑騎士衛星

呂尚：近年有越來越多的資訊傳播，說在地球的極軌道上有一顆被稱為「黑騎士」的衛星，多年來不斷地發出神秘的無線電信號。科學家破譯後表示這顆黑騎士衛星其實是在傳遞來自 ε 牧夫座星系的外星人信息，並且已經圍繞地球飛行了 1 萬 3 千年。

當我看到 1 萬 3 千年這個數字，內心跳了一下，不是正好與您們在地球上複製人類成功的年代嗎？

雅威：哈哈，有意思，你注意到了。先聽你的觀點吧。

呂尚：我查了一下，這個神秘衛星其實早 1899 年 5 月 17 日，就被著名的尼古拉特斯拉（Nikola Tesla）發現到。當時他搬到美國科羅

拉多州的斯普林斯市，用他自製的無線電接收設備來觀察閃電信號。就在一個靜謐的夜晚，他獨自一人在實驗室收到了一個清晰且不尋常的信號。經過研究，這個信號很可能是源自於地球軌道上的某個物體。

幾年後，意大利發明家馬可尼侯爵（Guglielmo Marconi），也截獲了地球外的神秘無線電信號。有研究人員稱，馬可尼和特斯拉截獲的可能是同一信號源。

在這之後，世界各地有不少天文學家都觀測到，有一個神秘的黑色物體遮住人造地球衛星 1 號，它是在極地軌道上運行的，這個軌道，連上個世紀初的美國及蘇聯太空能力都是做不到的。

雅威：很不錯，繼續。

呂尚：1953 年，美國新墨西哥大學拉巴斯博士（Dr. Lincoln La Paz）也發現了這個衛星，此時美國國防部才開始對這顆神秘衛星產生興趣，並聘請了發現冥王星的著名天文學家湯波（Clyde W. Tombaugh）協助調查。

1957 年，委內瑞拉通信部部長科拉羅博士（Dr. Luis Corralos），發現一個衛星出現在委內瑞拉首都加拉加斯上空。他最初以為是人造地球衛星 2 號，但對其運動軌跡仔細觀察後發現，竟然不是人造地球衛星 2 號或 1 號，因為這個衛星是在由東向西的軌道上運行的，並保持和地球自轉相同的速度，這是當時的科技水平還達不到的。

雅威：當然了，1950 年代你們地球的太空科技還做不到。

呂尚：其實，這顆神秘衛星一直沒有被命名。直到 1961 年，法國巴黎天文台的瓦里（Jacques Vallee）又發現了它，才將它命名為「黑騎士（the Black Knight）」。法國學者洛吉爾認為：「黑騎士」可以用與眾不同的方式繞地球運行，表明它能夠改變重力的影響，而這只有外星來客的 UFO 才能做到，因此這顆被稱作「黑騎士」的神秘衛星，可能與 UFO 有某種聯繫。

一直到今天，黑騎士衛星依舊在地球的極地軌道上運行。根據前蘇聯的衛星和地面站的多年跟蹤顯示，這顆衛星體積異常巨大，重達約 15 噸，外圍有強磁場保護，內部裝有十分先進的探測儀器。它似乎有能力掃瞄和分析地球上每一樣東西，同時還裝有強大的發報設備，可將蒐集到的資料傳送到遙遠的外空中去。

這顆神秘又大又重的衛星即便在今天的美、中、蘇都沒有能力發射

上太空。

所以我堅決相信，這個神秘衛星有其未知的來處。很值得探討。

雅威：會讓你失望的，無法探討的。

呂尚：為什麼？各地天文學家繼續追蹤觀測，應該可以整合出來新資料吧。

雅威：因為你們地球官方，一向對不明事物都會先採取否認態度。你想想自己從 1975 年出版《上帝駕駛飛碟》以來，有任何官方單位，或是學術機構重視你？完全沒有吧，都是憑你自己內心的意志，也真是佩服你，一直孜孜不倦，自掏腰包，推廣宇宙外星科技思想 50 年了。官方又不會找你成立一個飛碟研究中心或是宇宙文明研究中心，你不會感到辛苦無奈嗎？

呂尚：也是的。所以就在 2019 年初在大陸要回台灣時，我就把所有擔任的各省市 UFO 與超心理學會與協會的副理事長、理事、顧問等職統統辭去，不再理會了，也沒有興趣再參加大陸的 UFO 活動了，連手機微信裡面外星人相關群組也退出。

2000 年由大喜文化出版《外星人研究權威的第一手資料》這一本，算是個人 50 年來 UFO 外星人研究文章總集，對 UFO 有興趣的讀者看這一本也就夠了。

雅威：贊成你這樣的清理，不用把精力放在沒有用的會務上。

呂尚：我也查到，外國否認派人士以及 NASA，在 1998 年宣稱影像中的黑騎士衛星，不過就是一個掉落的隔熱罩，他們還確定是第一個前往國際太空站的太空人羅斯（Jerry L. Ross）和紐曼（James H. Newman）在艙外活動期間弄掉的。

他們還真敢睜眼說瞎話，對接國際太空站任務是在 1988 年 12 月間的事。而神秘黑騎士衛星早在 1899 年被尼古拉特斯拉發現，1953 年美國拉巴斯博士看到、1957 年委內瑞拉通信部部長科拉羅博士看到、1961 年法國巴黎瓦里將它命名。時間都比 1988 年國際太空站弄掉的隔熱罩要早，真是扯蛋。

雅威：別生氣了，這是你們地球人的惡習。對不明白的事就先否認，不是都這樣嗎？

從 1947 年就傳出 UFO，美國 NASA 何時才勇於承認？近年不是有好幾個國家的政府高層與重要官員，都紛紛公開揭露 UFO 事件，而且還舉辦公聽會。

所以，知者自知，迷者自迷。有些人永遠叫不醒，就不要花功夫想喚醒他們，知道該做什麼事的人，只顧把該做的事做好，就可以了。祝福你呀！呂尚。

上帝給我們的最後啟示

呂尚：您把《聖經》的真相與相關的經典都講解完畢了，地球人也應該重新瞭解聖經的真正內涵。現在我想請教一些聖經之外的問題，可否？

雅威：可以，你問。

呂尚：如果說現在教會解釋的《聖經》都不正確，那為什麼還有這麼多信徒？

雅威：很好的問題。因為在基督教國家，任何人從小到大都被灌輸「聖經是真理」，就理所當然的相信了。又由於宗教與一般知識不同，有些一般知識分子在長大後，會知道問題，會改正。但是信徒如果離開了基督教家庭，離開了基督教學校，還是有滿街的基督教廣告。於是「聖經是真理」就像理所當然的事，不用懷疑，不會去考究。

呂尚：那信徒們不會思考嗎？不會仔細閱讀聖經嗎？

雅威：相信聖經的人，幾乎全部都不是看完整本聖經後受感動而相信的。很多是因為父母信教，他們也跟著信教。所以他們就先相信聖經是真理，然後又只聽神父或牧師所解釋的聖經，就全然相信了。其實在他們入教後，大部份教徒仍然不會把整本聖經看完。

呂尚：哇，那這樣說起來，我比他們還要認真哩。好了，不再問聖經的問題，改問實際的，你們的星球距離地球有多遠？

雅威：事實上也不遠，大約離地球將近 1 光年，在宇宙中是很近了。

呂尚：1 光年就是光行進 1 年的時間，約 90 兆公里。但是我們的科學家說，離太陽系最近的星系大約有 4 光年遠。沒有發現只有 1 光年的你們星球？

雅威：我們不希望你們知道我們行星所在的確切位置。光在太空中的行進會受引力影響而彎曲，用你們的演算法，確實是距離我們 4 光年，但實際上以直線距離計算，我們之間的距離大約只有 1 光年。另外，我還要說明一點，光在宇宙時空各層次間的行進速度並非一致，因為在時空裡沒有任何事物是一成不變的，你們佛家說的「無常」是正確的。

所以這就是你們當代科學家們所犯的最嚴重錯誤，他們以在有限時間裡觀察到的結論，來推測幾千年前和未來的現象，或以在有限空間裡的觀測結果，來推斷無限空間裡的一切。地球人常常根據其有限的知識，錯誤地判斷事物。就像是以前你們的人，看見地平線是水平的，就以為地球是平的。

呂尚：愛因斯坦說過「光速是速度的極限」。所以，地球人都認為光速就是宇宙的速度極限。1971 年我在大學 3 年級上《相對論》課時，就發現一個問題，事實上愛因斯坦是說「在同一系統內，光速是速度的極限」，有這個「同一系統內（in the same system）」的前提，我當時就想，如果不是同一系統呢？當然光速就不是唯一的了。可是我想不通，為何所有科學家都忽略這個重要的前提？

雅威：所以我說：「光在宇宙時空各層次間的行進速度並非一致」，就很清楚了，想必愛因斯坦也知道這個現象。我再告訴你，Religion（宗教）一字源自拉丁文，指「連接創造者與被造者之間的連接物或關係」。天主 Catholic 源自希臘文 katholikos，原意是「宇宙」。因此真實含義是：我的任務便是去啟示人類和創造者之間的宇宙關係。

呂尚：原來這些名詞還有深奧意義。是否可以談談地球人類的未來科技？

雅威：你們當前的建築物都依賴能源，而能源、水的供應以及垃圾和污水的處理等，都是經由集中系統來進行。未來的住家將與今天完全不同，無論是個人用還是集體用建築物，都利用新技術，會配備有完整的自給系統。

食物也同樣會經由與此系統相同的方式進行分配。但到了未來，吃的食物不像今天要依靠農業，而是由個人用食物合成器製成。食物合成器可利用奈米技術生產出牛排、雞腿、水果、蔬菜、飲料等需要的所有食物，因此傳統農業和食品產業將徹底消失。

你們要做的，只是確認食物合成器裡一直供應著原子週期表上所有的元素。現在的自來水供應，也將經由此管道供應給各個家庭。但是連這種系統，最終也會改變，像是食物合成器也會被合併到未來安裝在每個居住空間的「物質和能量轉換系統」之中。

因此每個住宅和公寓，將在所有方面實現百分之百的自給自足。

呂尚：這太尖端了。無法想像。

雅威：在這種資源全回收系統中，不必再從外部接受食物，或向外部排泄垃圾。因為所有東西都被再利用，所以需要的只是幾公升的水和幾克的包含所有元素的物質。

在這種居住空間，即使是你們呼吸的空氣，呼吸時呼出的濕氣，和經由汗散發出去的水分，都可經篩檢程式被完美地過濾，並且所有灰塵也被再利用。

必要的電也由安裝在各居住空間的洗衣機大小的採用奈米技術的個人用「染料電池」產生，它可以充分地供應整幢房子的照明、暖氣、冷氣等所需能量。利用奈米技術的染料電池是以室內空氣中的氫原子為原料。

報紙和雜誌最終也會被電子資訊所取代。全世界的紙張產業，使數百萬公頃的森林變得荒蕪，而且為了紙張的染色和漂白，而污染水和大氣。在這些紙上印刷的，幾乎大部分是垃圾內容，次日就會被扔進垃圾桶。這些都是破壞自然的行為。

但隨著由奈米技術維持的自給自足住宅的出世，所有這些問題都將得到解決。在自給自足的居住空間裡，不用依靠外部的傳遞系統進行能量、糧食、水等的供應，或垃圾的處理。

網際網路、遠端通訊等生活中的重要系統，將通過安裝在各居住空間的獨立天線進行相連。

房子本身也可以用生物材料建起來，或建築時在房子結構中包含奈米人。例如，可以讓鋪在地板上的皮毛上直接長出厚軟的毛。為了讓繼續生成新毛，可以用灰塵或舊毛作為營養成分，並由奈米人維持毛的清潔。

牆壁也能具有自動掃除和修理功能，可按自己喜歡的去更換顏色或圖案。可像選擇電腦螢幕保護裝置功能的樣式一樣選擇牆壁花紋的主題，並每日更換一次或多次。不僅如此，還可以使牆壁顏色移動，進而持續改變圖案花紋或每隔一段時間進行改變。

呂尚：這，很多人都無法想像了。太科幻了，太遙遠了吧。

雅威：最後會有永恆的生命。如果沒有科學，人和原始人或動物沒有多少區別。在所有科學中走在最前沿的稱為 Macrobiology，可以稱為「宏觀生物學」，這是一種整體的正在進行研究的新科學，通過這個新科學，你們不僅可以理解自己這個巨大生命體如何發揮功能，還可以理解人類在無窮大的宇宙中發揮的作用，和位於宇宙中其他地區的其他類似的行星意識之間的相互作用，以及在尚未有生命的其他行星創造新人類的可能性。

同時，這個新科學能使你們理解人類在無限中的真正地位。但這個新科學的真正功能是「使人類感覺和經歷無限」。因此，必須需要「精神引導者」的幫助。

呂尚：就是俗稱的心靈導師？但是，現在市面上充斥很多假導師。

雅威：真正的心靈導師既溫和又充滿魅力，並且具有很深的利他心，能夠成為其他人的榜樣，因此人們自然就被吸引到他們的周圍。他們是顧全大局而不顧自己一人私利的人們。從初次相見的瞬間起，你就能感覺到他們非常重視你的幸福。僅僅靠近他們，人們就能感覺到他們的理解和關心。

死亡即將成為過去，科學和意識終將實現物理上的永恆重合。正如聖經中預言的，你們將變得「與神平等」。既然你們可以避免死亡，得到科學的永生，那為什麼還要讓你們必須接受死亡？人的生命是神聖的，你們未來可以達到具有永恆生命的技術，屆時如果不加以利用，那才是否認生命的神聖性。

呂尚：再請問，你們雖然被地球宗教解釋為信仰中無形的神，其實是存在的高科技外星人。那麼，我有一位認識 10 多年的金融界高管好友，不是基督徒，但他接觸基督教之後，參加一次國際宗教活動，去到非洲，竟然學會用祈禱協助非洲人減輕身體病痛狀況，好像耶穌治病一樣，回台灣後，更加虔誠的成為基督徒，也告訴我們幾位朋友此事。我就好奇，他祈禱時，你們在 Elohim 母星會接收到信息嗎？

雅威：好問題，這涉及「心靈力」，你研究超心理學，應該很清楚，心靈力也可以稱為意識力，或簡稱念力。不僅是你們佛教裡頭的「唯識論」，也涉及近年你們地球很熱門的「量子糾纏」。

呂尚：您一提示，我知道了。人的意識分為「意識、潛意識、個人未知意識、集體未知意識」，個人未知意識即為佛學的末那識，集體未知意識即為阿賴耶識。如果意識強度很夠，虔誠的念力就很強，意識波可以發射出去，加上量子糾纏現象，可以同步無遠弗屆。所以，你們雖然在 1 光年外的母星，但也可以同步收到虔誠的人的意識波，然後協助這些人。

雅威：不過，我們也是會篩選的，不會任何人任何祈求都回應。你們地球上的媽媽最會去寺廟祈求女兒能嫁個好丈夫、兒子能有個好工作、先生是個體貼的有錢人等等，這種祈求，我們不會理會的。

呂尚：當然當然，不需理會這些。

雅威：如果是全然無私為他人奉獻的祈求，我們才會給予實現的。你那位朋友完全無私的去非洲奉獻，當然就讓他能達成助人的願望。

呂尚：「量子糾纏」已經不是無法解釋的理論了，2022 年諾貝爾物理獎頒給法國科學家艾斯培（Alain Aspect）、美國科學家克勞瑟（John Clauser）、奧地利科學家杰林格（Anton Zeilinger）。瑞典皇家科學院評審委員說明，表彰他們各自進行糾纏光子（entangled photons）實驗，開拓量子信息科學（Quantum Information Science）的重要傑出貢獻。

這件事讓我有舒了一口氣的感覺，因為從 1980 年以來，我就接觸超心理學、心靈學，後又研究不明飛行物、生死學，哈哈，甚至被稱為台灣怪力亂神始祖，不過我心中一直認為絕對不是怪力亂神，絕對有人類未知的理論，現在終於證實了，「量子糾纏」就可以解釋所有的奧秘事件，解釋所有地球人認為不可能的事件。我只能說，地球人對宇宙的了解如同井底之蛙。

雅威：你這麼多年的努力，完全沒有依靠其它人，不簡單呀。所以，我們也才會找你，就如同老子傳訊給你一樣，要你幫他還原德道二篇文字，不要再被誤讀了。

呂尚：是的，前面您有提過和老子等高智慧人士的交流，我好奇，你們也在同一個時空嗎？

雅威：哈哈，你忘了「多重宇宙」？其實多重宇宙也就是多維時空，我們處在比地球高維的時空，任何信息都很方便交流，甚至不用開口講話，只要用「意識流」互通即可。

呂尚：哈哈，正是正是。佛陀也說過這些現象。所以「萬法唯心、心誠則靈」，方是宇宙正道呀。說到佛陀，想到一個問題，涉及佛教與基督宗教，算是茲事體大了。

雅威：你說說。

呂尚：佛教說有六道，從下往上是「地獄道、餓鬼道、畜生道、人道、阿修羅道、天道」，而天道裡面又有六層，由下往上是「四天王天、忉利天、夜摩天、兜率天、化樂天、他化自在天」，台灣人俗稱的玉皇大帝，一般民間稱為天公，依佛經所言位於忉利天，是掌管人間的最高神。上面還有初禪天，有三層「梵眾天、梵輔天、大梵天」，依印度教中的定義，大梵天王是印度教三大主神之一，負責創造宇宙。

所以創造宇宙的大梵天王也被稱為「上帝」，比玉皇大帝層次高很多。請問，西方宗教猶太教、基督教、天主教和伊斯蘭教的「上帝」，和佛教的「上帝」是不是同一個？或者只是因為人間種族不同、習俗不同、年代不同、各地人民的語言不同，還有崇拜的方式不同，才分出那麼多的上帝？

雅威：我先問你，同樣一部聖經，何以後世分出非常多的教派？同樣一部古蘭經，是真主阿拉的啟示，何以分出什葉派和遜尼派，而且雙方打得非常激烈，是阿拉分的嗎？

呂尚：當然不是，而是信徒因理解的不同分出派別的。

雅威：所以，從宇宙高維角度來看，思想是合一的，一切萬有是合一的，這個合一的高維真理在不同時代傳給不同地區的地球人，他們各自用當地語言來宣揚，接到信息來傳遞真理的最原始那個人，所說的內容被記錄下來，後來成為不同的宗教，所以，莫以後世的分別來看現象，必須回歸原始事實真理。

呂尚：是的。我想到了，以佛教經典來說，佛陀在世 45 年所說的，在世時並沒有記錄下來，而是他涅槃之後數個月，才由弟子集結寫下來，成為最原始佛典《阿含經》，但問題來了，老師在 40 年前說的，誰會記住？

同樣的，耶穌在世所講的也不是耶穌自己寫下的，新約最重要的四福音書，是由耶穌的門徒馬太和約翰寫的，以及彼得的門徒馬可和保羅的門徒路加寫的。問題來了，門徒的門徒寫的，會有幾分真實？

雅威：很不錯，你點出了很重要的思維。所以，不要糾結於現在流傳的經文文字，要進入核心思想去思考。

我再提醒一遍，切勿固著於 2 千年來的各種經文，必須進入宇宙高維思想，去領略經文內涵的「真理」。不管是東方西方宗教經典，「宇宙高維思想是一致的」，我也只是那個時候來到地球傳遞文明信息與實際操作的角色而已，也只是 Elohim 的高科技科學家而已，也不是佛教的大梵天王，我的地位沒那麼高。至於你們要稱我為「上帝、神、天主、上主」，那全是你們後世宗教的稱呼，我還是我。宇宙高維智慧生命非常多，你們要稱為神、佛、菩薩、上帝等都可以，但也只是你們的不同稱呼而已，祂們還是祂們。

呂尚：我想到了，觀世音菩薩有 32 種化身，為因應眾生的需要而顯現不同的化身來度化，我們不能糾結於祂化身什麼而來寫論文討論，以高維角度來看，觀世音菩薩就是一個高能量的智慧生命。

雅威：當今的大多數地球人還無法真正領略多重宇宙中的不同維度智慧生命的存在，只有少數人能體會，這也是正常的。因為先知總是少數。

呂尚：太多謝了。我相信這本書會給很多讀者不同的思維，多謝。

卷後深思

也許很多不熟悉聖經的人讀完這本書後，已經滿腦袋發漲了。沒有關係，讓大家休息一下，放鬆自己。在這裡為你們輕鬆地整理一下思緒：「Elohim 外星人在 2 萬 5 千年前來到地球，經過 1 萬 2 千年（聖經上說的六天）改造地球，然後在地球上用科學方法造人，這些事蹟全部寫在舊約裡面。」

讀者去拿《聖經》，翻開《舊約》，所有經文是由四部分組成的：1. 上帝事蹟；2. 典章制度；3. 民族族譜；4. 先知教誨。你們可以用黑色奇異筆把「典章制度」、「民族族譜」、「先知教誨」統統找出來劃掉。接著翻開《新約》，同樣的把「典章制度」和「教誨」「族譜」用黑筆劃掉。

或者，現在網路方便，找一個聖經網站把全本 download，然後直接在 word 上作業，把「民族族譜、典章制度、先知教誨」直接統統 delete 掉，此時你只要讀這些沒有劃掉的部分，相信會讓你有全新的視野，會感到恍然大悟，立即可以看出那確實就是 Elohim 外星人在地球的種種事蹟紀錄。

記住，耶穌是 Elohim 外星人利用人工授精方法所做出來的「第一位星際混血兒」。他的一生分為兩個階段，12 至 30 歲之間曾到過印度、西藏一帶。30 歲以後在以色列傳播宇宙真理。

耶穌說了很多很多宇宙外星的狀況，可惜歷代神學家只知那是「天國」二字，不知天國的真正含意，事實上「天國」就是 Elohim 人的母星！

初次閱讀本書的人，會驚訝萬千。但你可知，我這位得到啟示的人比你要驚訝千萬倍呀！因為研究宇宙真相和真理、得到上帝啟示都將近 50 年了。如今時候到了，才如此地表達出來。

我相信不管什麼宗教，任何一位高深的修行人都會和我有一樣的的看法，我們都會認為地球還不夠文明。因為這些高深的修行人會用非肉體方法去到別的世界，觀察別的星球，他們能夠從那邊學習很多智慧，然後回到地球來幫助更多的人。

聖經有這樣的記錄，佛經也有這種記錄，老子的德道二篇也描述過宇宙形成以及生物誕生的過程。

高深修行人也可以進入不同的境界看到過去、現在、未來所有的歷史，如果我們能進入一些世界，也可以查到自己的過去，即使還沒有修行到很高的程度仍然可以知曉，甚至還可以查自己的未來。不過高深修行的人只查過去，他們可以創造自己的未來、控制自己的未來，可以逃開過去的因果。

所有的修行人都知道，人類的最後就是要「了脫生死」，要回到他來的地方，是在何處去呢？

古代道家告訴我們就是「天上」「做仙」，那是一個能量層次很高的世界，此處的「高」不是指距離遠，而是指「高維」的世界，換用現代科學語言，那就是「能量頻率」比地球高很多的地方。只是當今地球人不知是哪裡。

2 萬 5 千年前，Elohim 世界的「高維人類」來到地球，開創及發展地球世界的一切，但是到了現在，我們這個世界仍然不夠好，我們的科技仍然不很進步，例如我們在大廳講經需要用麥克風，高維世界根本不需要，他們甚至可以不用語言，只要明師出現，就會呈現閃耀的光芒，其他人自然就知曉他在表達什麼，不用語言，不用翻譯，那是心靈的感應。

很多地球人的高明思想也是來自於高維的世界。例如，5 歲的兒童沒有經過教導就會作曲，成為著名音樂家，這樣的神童不是地球人的功勞，而是高維宇宙的傳訊。

所謂「靈感」就是「靈的感應」，來自高維宇宙信息的感應。

我不希望思想僵化頑固的教徒來漫罵本書，只希望大家能以理性的態度來討論。耶穌說過他是「道路、真理、生命」，是的，這本書就是在提供有識之士思索的「道路」，希望由此而了解宇宙「真理」，體會「生命」的真正由來及未來。

誰是「有識之士」？我就不知道了。因為標準不是我訂定的，而是讀者自己訂定的。如果，你固執的以自身有限知識來反駁，不虛心的反省與思索，那麼就不是一位有識之士。如果，你以一己擁有的宗教權勢，沒有肚量的來批評這本書，也不是有識之士。如果，你是學術界人士，死抱著現代科學主義信仰而拘泥於某種理論，大加反對，也不是有識之士。

真理永遠存在宇宙當中，不管地球上有沒有人，宇宙真理仍是宇宙真理，永遠存在！希望讀者閱完這本書，能真正領會本書的意涵。

知識界就是如此，宗教界更是如此。

不管是「往生、作仙、轉去、歸天」等用語，事實上終極的內涵是在表述地球人最終是要「回歸」宇宙，屆時方能知道「生命」的真諦，這就必須談到「死亡」。

華人一向很忌諱談死，也害怕談死亡。何謂死亡？死亡的定義是什麼？孔子說：「未知生，焉知死」，影響後世 2 千年，但是在此我要說「未知死，焉知生」，因為「回歸宇宙」就是所謂的死亡，這是人人必走的一條路。

隨著科學的進步與發展，對人的死亡有了新的看法。此外也產生了許多令人不解之謎，吸引著國外許多科學家對死亡進行認真地研究與探索，企圖來解開許多令人難解的謎團。

俄羅斯著名科學家、世界著名的人腦研究所的維得羅夫斯基教授說：「俄羅斯的科學家經長期觀測發現，人體死亡以後，從屍體中發放出一種肉眼看不到的物質。這種物質到底是什麼？人們尚不知道。如果這種物質有靈性的話，可能就是靈魂。科學家們尚未得到證實之前，只能是假設，而不能肯定。我們正在追蹤，探索此物質到底是什麼。」

日本的外科醫生本田賀志教授的兒子因車禍受重傷，他親自參加搶救，終因失血過多而死亡。本田賀志老夫妻一直很悲傷，常常思念長子。有一次老夫妻倆帶著兒子和女兒四人駕車春遊，在長子發生車禍的西海岸富崗山麓悼念長子過後，全家照了合影。照片沖洗出來後，老夫妻來一看驚呆了：照片上多了一個人，正是他們死去的長子！

本田賀志教授執醫 40 多年，見過無數人的死亡，又親手解剖過無數的屍體，他從不相信人死後有靈魂存在。在日本，以前就出現過人死後影像又出現在和親人一起的照片上，本田教授認為這是無稽之談，這一下他親眼看到了事實。他拿著照片對一些醫學專家說：「看來，我們要重新認真探索，研究死亡學。現代醫學對人體未能查明之處，實在太多了…」

美國華盛頓大學物理學家克里斯多夫教授，妻子於多年前死于白血病，他一直懷念著妻子，一個人過著孤獨憂傷的生活，平時悶悶不樂，對周圍發生的一切都興趣索然。最近，他突然精神振奮，性格轉變，對事業生活充滿活力。別人以為他有了新歡而忘了舊愁。誰知他仍是一個人生活，並無新歡。

他家裡原來是亂七八糟，現在是井井有條。為什麼會這樣呢？他對友人說：「我的亡妻卡娜麗婭每晚都來看望我，替我蓋被子，收拾房間。」友人們認為他精神有毛病，產生了幻覺，而他本人卻堅決否認。他說，自己是物理學家，難道還分不清幻覺與真實吧？並說自己與亡妻相會沒有一點恐怖感，而是親切感。他一本正經地說：「我要從物理學的角度來探索死亡學，追蹤思維空間的來訪者。」

事實上，地球人死亡只是靈魂離開肉體的過程，真正的生命（靈魂）並沒有死亡，而是回歸到宇宙。這就要談到 2003 年，科學界把航太總署的一項發現讚譽為宇宙科學史上最重大事件之一，因為這個觀測結果與先前理論物理學家的計算非常吻合，也就是說理論物理學家早就算出：宇宙中可見物體（大自銀河、星辰、小至人類或細菌）的總組成物質只占不到宇宙物質總量的 5%，其它的 95% 當中，約有 25% 是由神秘未知的「隱秘物質（暗物質）」與 70% 的「隱秘能量（暗能量）」所組成。

人類看不見這些隱秘物質與隱息能量，只能從它們所產生的引力而測知這些物質與能量確實存在。而這個隱秘能量也就是讓各大星系以不斷增加的速度彼此漸行漸遠的宇宙斥力。

這個發現非常重大，而且可以圓滿詮釋「宇宙高層靈界」的存在。事實上佛經早就描述「三界」，我認為最高層次的「無色界」就是「隱秘能量」時空，它是實際存在於宇宙中的非物質化時空。中間層次的「色界」就是「隱秘物質」時空。最低層次的「欲界」又包括無形和有形世界，其於宇宙中實際存在且物質化，有部份地球人類已知曉，但仍有大部份地球人類尚未知曉。

我們地球存在的時空是在「欲界」的六道裡頭，這個「道」字可以改為「時空」，所以地球人所存在的「人道」物質宇宙只占不到 5% 裡的一小部份而已。這個「人類時空」還包括東勝神洲、西牛貨洲、南瞻部洲、北俱盧洲四個時空，因此地球人存在的只占宇宙的 1% 而已，所知如此渺小的 1%，卻自大地認為已經知道 100% 全宇宙了，這不是井底之蛙是什麼？

難道整個宇宙就只有井口那麼大？遺憾的是，我們經常看到很多自以為科學的人卻時常用 1% 的所知當做 100%，不就和井底的青蛙一般？

靈界就是占 95% 的部份，是人類未知的客觀存在，目前地球科學儀器還沒有進步到能觀測它的地步，但不能因為觀測不到它們就否認它們的存在。如同螞蟻也無法知曉人類的存在一樣。

耶穌所講的「道路、真理、生命」，就是希望人類能有正確的道路來了解真理，回歸永生的生命！

希望大家以開放的心胸、包容的態度、激盪的腦力、恢宏的器識、紮實的學術來共同理性討論，才能真正提供社會大眾真理。因為真理不是由權威訂定的，也不是政權頒布的，更不是教會制定的。

附錄：可補現行聖經不足的經外經

美國緬因州詹姆士比恩先生，主持廣播節目《靈性覺醒》，專門評介靈修書刊、聖哲、玄學家的著作及東西方經典。他積極探索研究「失傳的聖經經文」，發現在過去200年間，有許多猶太教和基督教的文檔在中東地區被發現。他認為應該在此提到的是，有些基督徒對於《經外書》一直保持好奇探討的心態，並且保存某些《經外書》達2千年之久。

在此我想向各位分享與這些經典接觸的經歷，並透露有關神秘詩篇、如何開悟的論述、以及其它令人驚奇的書籍的資料。

很久以前，當我從事研究希伯來文聖經及新約聖經的工作時，注意到天主教的聖經比基督教新教的聖經多出一些經文，而這些經典就是基督新教傳統中所謂的《經外書》。

西元1611年，詹姆士王版本的聖經中仍包括這些經文，所以很可能是幾百年後基督新教教會將其從聖經中刪除，從而為大眾提供比較短小、經濟的版本。現在多數基督新教信徒認為這些有爭議的經文屬於天主教，然而事實上，1千年來，希臘正教、敘利亞、蘇俄、亞美尼亞、埃及以及其它古老教堂的舊版聖經一直包括這些經文。

另外，《死海手卷》也包括大部分這些經文的譯文，甚至西元前

200 年亞歷山大時期出版的舊約希臘文原譯文，也包括了這些經文。然而在今日美國基督教新教聖經中，卻不見這些經文蹤跡！

很多人認為我們現在所持聖經是在西元第 1 世紀由耶穌和他的使徒們編輯的，但事實絕非如此！

在比美國存在還要長的、有數世紀之久的時期內，早期的教堂並沒有認為聖經是一本集結完整的法典，也不認為它是一部不可更改的或唯一的靈修啟示。相反地，在那段有創造力的時期，基督教徒可以很自由地編輯對他們有所啟發的新經文、詩篇、歌賦、箴言、書信等以及其它靈修文獻，而這些發生在早年基督教還有使徒與聖人們在世的時代。

那時的基督教是一個更加超自然的宗教，是一個強調體驗天國或靈性境界的神秘宗教。

一、編修刪改經典

如同其它宗教，基督教也歷經主流時期，經由去蕪存菁的過程，而變成一種標準的、有組織的信仰。康斯坦丁大帝時期的國家教堂曾制訂了一個固定的經文目錄，作為信仰的永恆準則；教堂也列出要刪除之經文，使之不再流傳，也不再被視為經典。

這個規範及審查聖經的過程，大多發生在西元 4 世紀。正是在這段時期中，大多數《經外書》失去了它們的經典地位，而且很令人悲哀的是，很多重要的奧秘篇章被排除在外。

多年前，當我讀新約全書的猶大書時，發現一個令我驚奇的索引，也正是這個索引，向我揭示了聖經以外的經文。

在新約中被保留的猶大短篇經文第 14 節中，他摘引了「以諾一書」第 1 章第 9 節，他也從一本名為「十二教主箴言」的書中節錄一部分，而這本書卻並未列入在希伯來文經典中。

於是我開始收集曾被視為經典的經外書。《經外書》這個詞有三種基本涵意：一、密傳性質的神秘或隱秘著作；二、教堂並不認為有啟發性，但讀了仍具提升作用的著作；三、虛構作品或幻想故事。

目前有數百部經外書分別屬於這三種類。

二、精彩的經外書

我試圖收集所有可得到的經外書，並發現其中一些書含有極其重要的靈修指示。

在衣索比亞聖經和死海手卷中，我們可以找到《以諾書》，在書中，以諾先知描述了他在七重天雲遊的情形。如同埃及的郝米士和中世紀時代印度的偉大神秘人物卡比爾一樣，猶太先知以諾描述了他在高境界之所見。

《馬利亞福音》是於 1945 年在埃及的拿戈瑪第（Nag Hammadi）附近發現的古老經書之一。在這福音書中，馬利亞的傑出事蹟給了我們一個女性在早期基督教擔任領導地位的例子。馬利亞被描述為一位與十二使徒完全同等的使徒，並為耶穌最親近的門徒之一；猶有甚之，馬利亞像是耶穌的靈性接班人，繼承其教導其他門徒的地位。

文中萬分肯定馬利亞因其超越的靈性了悟等級才成為其他門徒們的領袖。而且以復活後基督密傳弟子的身分，馬利亞在她的福音書中教導其他門徒靈修之道，同時也很詳細地描述復活後的基督以光之化身，帶她神遊高等境界或天堂的體驗。

她將這些奇遇中得到的基督有關靈修的指示，傳達給其他門徒們，而這些體驗可能發生於她的深入祈禱或長時間靜坐時。

三、保羅和息拉行傳

談及有關早期基督教的女性使徒和聖人，使徒聖保羅的追隨者息拉便是其中之一。而這本《保羅和息拉行傳》是息拉的生平及時事之記載。行傳中充滿息拉生命中的許多超自然神奇感應。

在這本書中，息拉被描述為「上帝的使徒」。她時而雲遊，時而居於洞穴中過著僧侶般的生活，同時她也是一位靈性導師，教導人們聽從上帝的神諭。息拉相當受人尊敬，人們甚至立廟奉她。

四、比斯提蘇非亞書

在研究了新約四部福音書之後，我對每部福音書的結論感到非常好奇、困惑。這四部書對基督復活後的言行事蹟都只略提一二。

就算作者沒有要刻意鉅細靡遺地記載這些事件，難道不認為一個人的死而復生理應立刻成為極震撼的中心事件，從而成為文章之焦點？就算它不是整部經文的重點，難道基督復活後的言行不值得作為許多篇章的重點？

然而在新約裡只約略提到「耶穌還行其它許多事蹟」，以及「他後來持續向門徒顯現，給予他們有關天國的指示」而已。

顯然，基督復活後的教理被信徒們視為比較秘密或高等的教理，只給予那些願意對冥想及靈修全心全意投入的門徒。

雖然這些教理很難尋獲，下列文獻中確實有它們的記載：《復活書》、《馬利亞福音》、《多馬福音》、《救世主的對話》、《詹姆士福音》、《以猶書》、《彼得給菲利浦的信》，以及《比斯提蘇菲亞書》。

目前所發現的最大部福音書《比斯提蘇菲亞書》，是由一位倫敦醫生兼古老手稿收藏家斯克（A. Skew）於 1772 年在埃及購買到，並帶回倫敦的。這部書後來被出版，而威廉佈雷克（William Blake）這位偉大的神秘詩人也是這本福音書之最知名讀者之一，並深受其影響。

書中提到，有一段時期，「有些基督教徒確實相信輪回以及靈魂存在的觀念。」比如，新約中記載的聖保羅之「大馬士革路之體驗」，也提到了基督從極亮的光芒之中化現于門徒面前。

此書也記載了很多基督和弟子間的有趣對話，約 11 年之久。

《比斯提蘇菲亞書》中雖然「輪回」被作為一個事實在該書中提到，但其教義的目的是從物質的束縛、輪回、命運及無明的障礙中解救靈魂，以靈性自由替代對靈性世界的無知，讓靈魂能夠藉由神聖的光流從地球飛往天堂。

書中強調在獨處和冥想（靜坐）期間可以獲得內在體驗。「你們都應追隨光，以使你的內在靈性力量活躍。要日夜不停地追求。直至發現光之王國的秘密，它將使你淨化、使你成為純淨的光，從而帶領你進入光之王國。」

五、埃及出土的拿戈瑪第經集

在埃及北部的拿戈瑪第城附近，人們發現了很多古老的神秘書籍。這個約 2 千年前的「時間之囊」（西元四紀時僧侶所埋藏之大型密封罐，用來保存以歌普特語所寫的羊皮紙），也就是現在人稱的「拿戈瑪第圖書館」，引發了一場靈性革命。

這些埋藏在埃及的泥土中長達數世紀的被刪改、遺忘的經文，是基督教諾斯替教派的早期經典。今日的求道者可從這些經典得知西方一度存在過的神秘傳統。

這個古老圖書館藏有基督教、諾斯替教派、猶太教、畢達哥拉斯教派、郝米士派（煉金術）以及其它教派的靈修開示，另外還有各種神秘教派和諾斯替教派的教理，包括他們為其弟子們傳授「光之王國的秘密」，及他們神遊內在其它世界的描述。

《拿戈瑪第經集》中最引人注目的經典之一是《多馬福音》，是耶穌的有關如何得到開悟的靈修格言集。

六、耶穌有關光和音的格言集

《多馬福音》是一本格言福音，即基督關於如何發現天國的箴言和寓言集。這些智慧經文的主題是：「無上真我即是光，我們的靈魂是由光構成的；藉由冥想這個活著的光，我們就可以重返天堂樂園。」

《多馬福音》記載了耶穌這位偉大的明師，教導其弟子「我們來自於光，來自于光永恆存在的地方，光存在於由光化生的人之中，並且照耀全世界」以及「如果一個人完整，他將充滿光」，還有「從我口中飲水之人將成為和我一樣，而我也將成為此人，奧秘將會展現於此人面前」。

從基督口中飲水被描述為聆聽音流或上帝的宇宙之音的過程，這個音流可改變聆聽者，使他們達到更高的、奧秘的存在。

七、諾斯替光神秘教今昔

諾斯替教派聖者的主要教理之一就是「內在光的體驗」。事實上，看到內在聖光是一種普遍體驗，全世界各種文化都有天堂景象和內在聖光體驗的記載。

許多人在他們自己的宗教經典中非常流利地描述與超越黑暗之上的光相逢的經歷。許多聖者和神秘者，都將上帝或是無上存在描述為包含萬物的、純潔燦爛的光之神。他們也相信作為靈魂的我們（我們的精神本質）是「光的火花」，而且我們確是「光的子女」。

「觀內在光」的神秘體驗是發生於深入祈禱或靜坐時。這個最原始的光芒以靈性知識照亮淨化過的靈魂，使它們充滿著恩典與光明，同時也因觀照這個萬物的本質，而被引導至「智力天堂（Noetic

Heaven）」。

「上帝就是光，在祂裡面不存在黑暗」以及「心單純的人有福了，因為他們可以看到上帝」，「要瞭解這偉大的光是什麼」。

《拿戈瑪第經集》說「我就是那個照耀萬物的光芒。」《多馬福音》說：「然後我們上到六重天，我往上看，看到一道偉大的光照耀著六重天」。

在《死海手卷新譯本》寫著：「從他智慧的泉源，我的光迸現了；於是我的智慧眼注視著他的奇跡。」另外「聖靈以太陽般的光，照亮了您的僕人心中黑暗的角落。」

而在東方，中世紀聖人卡比爾也曾說過：「靈魂的光就像是十六個太陽的光。」

伊拉克的曼汀教有很多頌贊光的美麗詩歌、祈禱文和天堂景象的記錄，類似現在所謂的瀕死經歷。「他的光閃耀著，他的光芒照亮了大千世界以及站在他的座前的非凡眾生，這些眾生在他們自己的光芒中、在照耀於他們身上的偉大光芒中發光。」

《比斯替蘇菲亞書》是由布利爾（E.J Brill Books）出版的。以諾、所羅門的歌賦及息拉則是在《遺失的聖經》、《被遺忘的伊甸園》以及企鵝出版社的《子午線》中找到的。

湯姆士、馬利亞、詹姆士及其他各書則在波爾橋（Polebridge Press）出版的《福音全書》中可找到。

我極力推薦一本有關經外經的文選集是《另一本聖經（The Other

Bible）》，由哈伯柯林斯出版。其它好書還有《新耶路撒冷聖經（包括「經外經」》、雙日出版社及哈伯柯林斯出版的英文版《拿戈瑪第經集》等。

從上面有關經外經的簡短介紹中可知，被排除在 4 世紀聖經之外的經典，多數提倡個人靈修體驗以及打坐冥想。這個早期靈修傳統從未完全被西方接受，而依我之淺見，這也就是它們被排除在外、束之高閣的原因。

（依詹姆士比恩所言，來重新看看整部聖經，不管是舊約或新約，確實完全沒有靈修的內容，變成全部只是要信徒信仰上帝與耶穌，這就是君士坦丁大帝當時要國家教會刪改聖經，使之變成信仰的永恆準則，信徒們信就好，不要靈修，不要懷疑。）

作者註：哈伯柯林斯出版的英文版《拿戈瑪第經集》。中文版我也有收藏，由一中心公司於 2021 年 3 月出版，厚達 1098 頁，必須說極為精彩，值得推薦，絕對是另一部新約聖經。另外還有一部關於舊約所沒有的《死海古卷：重現失落經典》完整新譯本也由一中心公司於 2021 年 4 月出版，厚 750 頁。）

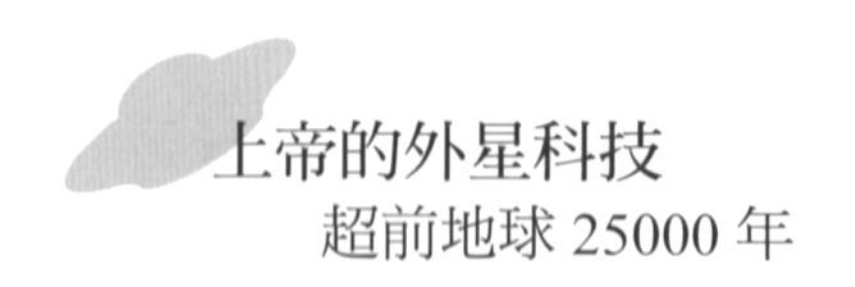

附一：外星人主題的經典作品

（331 頁，18 開，定價 380 元）

附二：道學主題的經典作品

（344 頁，25 開，399 元）

附三：佛學主題的經典作品

-1（325 頁，25 開，399 元）

-2（220 頁，25 開，280 元）

-3（184 頁，25 開，250 元）

-4（225 頁，25 開，280 元）

-5（270 頁，25 開，320 元）

附四：神學主題的經典作品

（304 頁，18 開，399 元）

一套 8 本共計 NTS2707 元，一次購買打 75 折特別優惠 NTS2030 元

2024〈來自宇宙的信息〉線上讀書會

主講：台灣三大科學怪傑 呂應鐘 . 呂尚 教授

每個主題每次 1.5 小時，會用 ZOOM 不定期錄播

歡迎加入關注「台灣全我中心」訊息

全我 Line@官網

全我粉絲頁

全我客服中心

國家圖書館出版品預行編目（CIP）資料

上帝的外星科技：超前地球25000年 / 呂尚(呂應鐘)著. -- 初版. -- 新北市：大喜文化有限公司, 2024.05
面； 公分. --（星際傳訊；STU11301）
ISBN 978-626-97255-5-7（平裝）

1.CST: 宗教與科學 2.CST: 聖經

220.163 113003232

星際傳訊 STU11301

上帝的外星科技：超前地球 25000 年

作　　者：呂尚（呂應鐘）
出 版 者：大喜文化有限公司
發 行 人：梁崇明
登 記 證：行政院新聞局局版台省業字第 244 號
發 行 處：23556 新北市中和區板南路 498 號 7 樓之 2
電　　話：02-2223-1391
傳　　真：02-2223-1077
劃撥帳號：53711606 大喜文化有限公司
網　　址：www.facebook.com/joy131499
E-Mail：joy131499@gmail.com
銀行匯款：銀行代號：050　帳號：002-120-348-27
　　　　　臺灣企銀　戶名：大喜文化有限公司
初　　版：2024 年 5 月
流 通 費：新台幣 399 元
ISBN：978-626-97255-5-7